もう エコノミストに騙されないために

浜矩子
Noriko Hama

紫炎《しえん》のMBA講義録

JN229968

毎日新聞社

序　何のために経済を学ぶのか

毒舌エコノミストの至言

この本を手にお取り頂いた皆さん、有難うございます。この本にご関心をお持ち頂いたということは、経済現象や経済学にご関心がおありだということですよね。人が経済学を勉強する目的には、様々なアングルがあり得ると思います。例えば、ビジネスを成功させるため。あるいは、資産運用の観点から。自国経済の行く末を案じたり憂えたりして、という場合もあるでしょう。いずれも立派な動機ですが、我々はなぜ経済学を学ぶのかという話題について、一味違う視点から面白いことを言っている人がいます。その人いわく、

「経済学を学ぶ目的は、経済上の諸問題について出来合いの解答を手に入れることではない。経済学を学ぶのは、エコノミストに騙されないようになるためである」

(〝The purpose of studying economics is not to acquire a set of ready-made answers to economics questions, but to learn how to avoid being deceived by economists.》翻訳は筆者）

その人の名はジョーン・バイオレット・ロビンソン（Joan Violet Robinson：１９０３～１９８３）。経済学者です。イギリスのケンブリッジ大学で教授を務めた人です。いわゆるケインズ経済学の観点から、多くの実証研究で業績を挙げました。経済学の歴史の中で、重要な位置を占める人物です。その意味で有名人ですが、彼女は、なかなかの毒舌家としても知られている人です。辛口の名言をたくさん残しています。上記の経済学観にも、毒舌家らしい鋭さが表れているといえるでしょう。この一文の中で、彼女は二種類の人間たちを攻撃の対象にしています。その一が、「出来合いの解答」を手に入れようという発想で、経済学の勉強に臨む学生たちです。経済現象の万端について、「正解集」を入手する。万能経済マニュアルをゲットする。そのような安直な心得で、経済学の世界に踏み込むなよ。そう警告しているわけです。

攻撃対象その二は、エコノミストたちです。経済学を学ばんと志している人々に対して、「やつらに騙されないようになるために勉強しなさい」といっている。このようにロビンソン先生がいうのは、要するに、彼女がエコノミストたちについて、彼らが人を騙すヤカラだと考えているからだ。そういうことになりますよね。自分もエコノミストなのに、このようにいう。というよりは、自分がエコノミストだからこそ、このようにいう。ここが、実にこの人らしい。エコノミストだからこそ、人を騙すようなエコノミストを許せない。そういうことです。

両刀使いにはご用心

そこで問題になるのが、エコノミストたちが本当に人を騙すヤカラであるのか、ということですよね。エコノミスト業界とは、すなわち詐欺師の集団なのか。筆者もこの業界の一員ですから、そうは思いたくありません。ちょっとは、そう思う面もなくはないですが……。それはともかく、むろん、世の中のエコノミストが全員、嘘つきだなどということはないと断言していいでしょう。ただ、いみじくも、この「断言」というものがエコノミストたちはどうも苦手だという問題はあります。「ああかもしれない」、「こうかもしれない」、「あれもある」、「これもある」、「一方こうこう」、「他方あれそれ」。こういう言い方ばかりするので、本当はどうなのかを知りたい人はいらいらするばかり。

この手の「一方・他方」エコノミストに騙されることなかれ。ロビンソン先生はそういいたかったのだと思います。ということは、言い換えれば、彼女はそのようなエコノミストではなかったということです。自分の考えをはっきり示す。断言することのリスクを恐れない。恐れる必要がないところまで、とことん、経済現象を追究し、解明し、解答を出す。人が作った出来合いの解答ではなく、自分が自律的に考える中で出てきた解答に信念を持つ。信念を持って貫きとおすに値する解答を出せるようになる。そのために経済学を勉強するのだ。そういうわけです。

「一方・他方」も、分析の過程では重要な切り口です。あらゆる角度から予断なく物事を分析する。経済名探偵はそうでなくてはいけません。何しろ、経済活動は人間の営みです。したがって、そう一筋縄で解答が出てくるものでもありません。四方八方から広角視野で考察を展開することが必要です。ですが、そのような分析を周到に実施した後には、やはり自分が「どの方」の立場を取るのかを明確にしなければいけません。「あっちも・こっちも」では、結局のところ、何もいっていないのと同じことです。

ちなみに、「一方・他方」型のエコノミストに対しては、やはり、強い拒絶反応を示した人物がもう一人います。その人は、ハリー・S・トルーマン（1884～1972）。

第33代アメリカ大統領です。彼は、「私は片腕のエコノミストに会いたい」といったそうです。あるエコノミストが、例えばアメリカ経済の現状について、理路整然と解説を施す。大統領も、それにすっかり納得する。すると、途端に、そのエコノミストは「他方」といって、それまでとはまるごと正反対の切り口から、またまた整然たる解説を施す。そして、どっちが本当なのかを決していわない。「一方」といって右腕を差し出す。「他方」といって左腕を差し伸べる。これはもうウンザリだ。だから、片腕のエコノミストに会いたい。これが、トルーマン大統領の嘆き節でした（筆者は、長らく、この「片腕エコノミスト待望」発言の主がジョン・F・ケネディだったのだと思い込んでいました。そのように、ある知人から教わったからです。ところが、調べた結果、これは誤りだったことが判明しました。やっぱり、安直に「出来合いの解答」を信じてはいけませんね。深く反省し、陳謝して訂正させて頂きます。ごめんなさい！）。

全ては質問から始まる

そろそろ本題に入っていくべきところに来ました。そこに踏み込むに当たって、もう一つ、ロビンソン先生が我々に与えてくれている「学びの秘伝」を皆さんと共有させて頂きたいと思います。これぞ、両刀使いのエコノミストに騙されないようになるための奥義なり。そういってもいいでしょう。先生いわく、

「どんなバカでも質問に答えることは出来る。重要なのは、質問を発することである」

(〝Any damn fool can answer a question. The important thing is to ask one.〟)

こう言われると、若干、違和感を持たれる方もおいでかもしれません。直感的には、質問を発することよりも、質問に答えることの方がはるかに難しそうに思われる。確かに、そういう面があります。ですが、実際問題としてどうでしょうか。筆者の経験からいっても、講義や講演が終わって、「さてご質問は?」という段階に来たところで、待っていましたとばかり、森や林のように手が挙がるということは、そうしょっちゅうあることではありません。もっとも、これは講義や講演をする側の質問刺激力が弱いからかもしれませんので、あまり、偉そうにいえたことではありません。ですが、それはそれとして、やはり質問を発するというのはなかなか難しいことです。知的覚醒度を高めて、集中力を持って人の話を聞いたり、本を読んだり、現象を観察していないと、そう

そう、疑問・質問が次々と湧き出るものではありません。

それに比べれば、質問に答えることは容易です。どんなに苦しまぎれでも、こじつけでも、ピントはずれでも、何かを問われれば何とか反応することは出来る。この辺りは、政治家が得意とするところです。政治家は質問を受けることが大好きです。なぜなら、質問は彼らにしゃべる機会を与えてくれるからです。そもそも、多くの場合において、政治家は発せられた質問を聞いていませんね。質問の中身はともかく、発言のキューを与えられたと勝手に解釈して、自分がいいたいことをいう。聞かれていない質問に答える。誰も聞いているわけではないのに、聞かれたいと自分が思っている質問に勝手に答える。これなら、まさしく、どんな「○○」にでも出来ることですよね。

反面、政治家は質問をすることがとても下手です。真剣に疑問を持つ。真摯に何かを発見したいと思う。真相が知りたい。真理の発見に至りたい。そのような知的気構えがないと、質問を発することはなかなか出来ません。国会での議論を始めるに当たっては、議員の先生方に、ロビンソン先生の名言を必ず100回くらい唱えてもらうといいかもしれません。

必要は発明の母だといいますが、その伝でいけば、質問は発見の母だといえるでしょう。質問なくして、発見なしです。今日に至る全ての発見、全ての技術革新は、誰かが疑問を持ち、質問を発しなければ実現していない。これは間違いなくいえることです。「なぜ?」、「どうして?」、「これって何?」。人々が「はてな?」の思いに駆られた時こそ、新たな展開が動き出す。名探偵が名探偵なのは、質問を発する力が偉大だからです。鋭い質問をするから、真犯人が見えてくる。その意味では、質問の質が答えの質を規定するということも、我々は肝に銘じておく必要があると思います。

ピントがはずれた質問には、どうしてもピントのはずれた答えしか返ってきません。勘所を押さえた質問をされると、聞かれた相手はどんなにイヤでも本当のことをいわざるを得なくなります。的を射ぬいた質問のおかげで、答える側が思ってもみなかったような素晴らしい答えが誕生する場合もあります。質問が鋭いおかげで、自分で自分を天才かと思うような凄い解答を出すことが出来る。そんな経験が筆者にもあります。

さてさて、ここまで来ればもう準備は万端です。ロビンソン先生の二つの名言を頭に刻み込んだ状態で、経済的謎解きの世界へとご一緒いたしましょう。次章以降の内容は、基本的に同志社大学大学院ビジネス研究科における筆者の授業、「通貨と金融の国際経済学」(現「内外通貨金融環境」)の講義内容に基づいています。年々のこの授業の中で、必ず取り上げてきた定番項目もあれば、折々のホット・トピックとして注目した項目もあります。中には、実際の授業の中ではまだ取り扱っていない項目もありますが、これらについても、授業模様をイメージしながら取り上げてみました。

紙上講義の開講に当たって、実際に教室で「通貨と金融」の授業を受講して頂いた歴代のビジネス研究科卒業生そして在校生の皆さんに心から感謝申し上げたく思います。まさしく、「ロビンソン精神」にのっとり、まさしく紫(同志社カラー?　筆者のヘアカラー?)炎の知的探求の場を毎回作って頂きました。受講生の皆さんのこの熱血と参加の意識なくして、この書籍が形を取ることはありませんでした。深謝、また深謝です。

かくして、いよいよ、開講時間です。皆さん、では教室にどうぞ!

序　何のために経済を学ぶのか　3

第一章
歴史を知ると今が解る①　金《キン》が金《カネ》だった頃　15
1　ご挨拶かたがた初めの一言　16
2　通貨は金なり、金は通貨なり　20
3　「金もどき通貨」ドルの興亡　45

第二章
歴史を知ると今が解る②　ユーロがユーロでなかった頃　79
1　「EMS（欧州通貨制度）」を知るとユーロが解る　80
2　固定為替相場制度が解ると単一通貨制度が解る　96

第三章
元祖「○○ノミクス」その通貨的意味を考える　111
1　便乗商法だったレーガノミクス　113
2　「プラザ合意」を知ると円相場が解る　116

第四章
通貨から金融へ　私のクレド　133
1　「リーマン・ショック」を招いた金融の変質　134
2　「LIBOR不正」にみる金融規制のあり方　165

第五章
通貨と金融が出会う時 181
1 ご案内かたがた締めの一言 182
2 通貨と金融のつかず離れず 183
3 金融政策は通貨政策 199
あとがき 206

装丁 岩瀬 聡
写真 青木 昇
本文レイアウト タクトシステム

第一章

歴史を知ると今が解る①

金《キン》が金《カネ》だった頃

1 ご挨拶かたがた初めの一言

「通貨と金融」の教室にようこそ！　椅子の座り心地はどうですか？　シートが硬くてごめんなさい。背もたれの角度も今一つ快適さに欠けますよね。あいすみません。もっとも、あまり心地よくなって頂いてしまうと、その後に何が起こるかは推して知るべし。知的覚醒度高き状態で最後までお付き合い頂くには、それくらいの感じがよろしいかと存じます。

落ち着いて頂いたところで、少し段取りのお話をさせて頂きます。本講座は、ひとまず、少々過去にタイムスリップするところから始まります。主として第一章と第二章がその部分です。第三章でも過去を振り返りますが、そこにおける過去はかなり近い過去です。「今日」との関係で第一章と第二章が「昨日」であれば、第三章は「今日」の夜明け前という感じでしょうか。第四章と第五章では主として「今日」的時間フレームの中で考えを進めます。

いきなり歴史か。そう思われる方もおいでになるかもしれません。ビジネススクールは実学の世界じゃないの？　今日的なテーマを今日的な手法で解明するのが、その役割じゃないの？　そんな疑問を抱かれる向きもあろうかと思います。もっとも、昨今はすっかり「歴史に学ぶ」ことが流行りになりましたし、そもそも、本書を手に取って頂いた皆さんは、歴史を知ることの重要性を重々ご承知だと思います。その皆さんに向かって、今さら、歴史の価値についてあれこれ申し上げるのは、蛇足で申し訳ございません。

ただ、それはそれとして、なぜ歴史に学ぶことが重要なのかという点については、ここで少し考えておいても悪くないと思います。もちろん、あえて理由づけなどしなくても、歴史を知っていることはまともな社会人の当然の素養で、これはいわずもがなのことです。しかし、歴史を知ることの価値はそれだけではありません。

「昔」を知ることは「今」を見極めるために必要不可欠な基盤です。「今」を「今」としてだけ見ていたのでは、なかなか、その真相はみえてきません。グローバル時代がどのような時代であるのかを理解するためには、グローバル化していなかった時代がどのような時代だったのかを知っているか否かが決め手になる。そういって、決して過言ではありません。ユーロという欧州単一通貨がどんな通貨なのかを理解するためには、ユーロがなかった時代を知っていることが必要です。比較検討の中で「今」の本質を把握する。そのための比較検討材料として、「昔」は実に貴重です。

人間というものがどれほどユニークな存在であるかは、人間だけをみていたのでは解りませんよね。他の生き物たちとの違いを検討する中でこそ、何が人間を人間たらしめているのかがみえてくる。ロボットをつくってみてこそ、初めて人間という生き物の工学的特性と卓越度が実感出来る。「今」と「昔」の関係もそれと同じことです。「昔」を知らない者には、「今」の功罪は決して解らない。そして、「今」を理解していない者には、「これから」どうなるのかを見極めることは全く出来ない。逆に、「昔」と「今」の違い、そして「昔」から「今」にいたるプロセスを知っている者には、「これから」を考えるための確かな足場が与えられる。

「遠く過去を振り返れば振り返るほど、はるか未来がみえてくる」イギリス政治の大御所様、ウィンストン・チャーチルの言葉です。この人も、ロビンソン先生に負けず劣らず毒舌家でした。少々、自分の舌鋒に酔いしれすぎる傾向がありましたが、冷めた洞察力の持ち主としても、ロビンソン先生といい勝負の知力を有していたと思います。そんな御大ですから、さすがに、歴史を知ることの意味を実に上手に表現していますよね。

我々もこのチャーチル精神にのっとって、通貨と金融の歴史探訪に挑んで参りましょう。

テーマ設定という観点からいえば、第一～第三章では通貨に主眼を置きます。それに対して、第四章では主に金融の側面に目を向けます。そして第五章では、通貨と金融の両者を政策という観点から手繰り寄せて、包括的に捉えることを試みます。

通貨と金融は、もとより表裏一体、一蓮托生です。両者は二人三脚の関係にあります。しかしながら、ややもすれば、両者の不可分性が忘れられて、それぞれが我が道を進んでしまう場合があります。そうして通貨と金融の二人三脚が瓦解した時、経済活動は大混迷に陥ります。その辺りの感触をつかんで頂けることを目指して、この講座を進めていきたいと思います。

というわけで、本講座では、歴史を縦糸とし、通貨と金融の絡み合いを横糸として、経済的謎解きの反物を織り出していきたいと思います。果たして、どのような図柄が浮かび上がってくるのでしょうか。それは、皆さんと筆者の経済名探偵的腕前次第です。お付き合い、どうか、よろしくお願い申し上げます。

2　通貨は金なり、金は通貨なり

さて、タイムスリップその一の始まりです。立ち戻って行く先は「金本位制」の時代です。金本位制という通貨制度は、ざっくりいえば19世紀の初頭から世界に広がった通貨システムです。1930年代の半ばをもって実質的に瓦解しましたが、それまでは、通貨の世界といえば、金本位がすっかり当たり前になっていました。その時代にタイムスリップした我々が、時空を超えたドキュメンタリー取材班と化して、当時の道行く人々に、「金本位制についてお話聞かせて下さい」とマイクを向けても、彼らはきっと「それって何?」と不思議そうな顔で逆質問してくるでしょう。彼らにとって、金本位制は通貨的空気のようなものとなっていた。その存在と仕組みを前提に経済活動を営んでいるにもかかわらず、誰もそれを意識していない。流れていることを、誰もが忘れているBGM。金本位時代の人々にとっての金本位は、そのようなものだったと考えていいでしょう。

ところが、その中身を知れば知るほど、「今」を生きる我々にとって金本位制は実にユニークな通貨システムにみえてきます。今の我々の通貨的常識との違いに瞠目《どうもく》します。だからこそ、金本位時代を振り返ることに意味があるのです。金本位制との違いの中に、今の通貨的現実の本質をみる。その感覚を研ぎ澄ました頭脳モードで、金本位の世界に踏み込んでいきましょう。

金の切れ目が金の切れ目

この小見出しを皆さんは何とお読みになりますか？　これを正しく読むことが出来た皆さんは、既に金本位制の全てを理解されている。そのようにいえます。ここが生身の教室の場なら、皆さんがこのフレーズを何と読まれるか、伺っていきたいところですが、紙上教室では、それがかないません。そこで、正解を申し上げてしまえば、このフレーズの読み方は次の通りです。

「キン（金）の切れ目がカネ（金）の切れ目」

要するに、ある国が発行出来るカネの量は、その国が保有している金の分量によって決まる。そういうことです。手持ちの金が底をついてきたら、もうカネを発行することは出来ない。なぜそうなるかといえば、金本位制の下では、国がカネの金への交換を保証するからです。ある人が手持ちのカネを自国の中央銀行に持ち込んで、これを金に換えてくれ、といえば、中央銀行は黙って持ち込まれたカネに相応する金をその人に渡さなければいけません。この「カネに相応する金」が、金で表示したこの通貨の公定価格、すなわち「金平価」です。例えば、1円＝金2グラムという風に金平価が設定されている場合、ある人が10円を中央銀行に持ち込んだのであれば、中央銀行はその10円と引き換えに、20グラムの金をその人に手渡すのです。金本位制の下で、この金交換は通貨当局の義務ですから、とやかくいうわけにはいきません。あんたのような胡散臭い感じの人に金は渡せないとか、今日はお日柄が悪いから吉日に出直してこい、などといって金交換を断ることは出来ないのです。

だからこそ、金本位国はカネの発行量に気をつけておかなければなりません。むやみに通貨を発行してしまって、ある時、全ての国民が手持ちのカネを金に換えてくれといい始めたら大変です。中央銀行の前に大行列が出来た。行列の100人目の人までは金交換に応じられる。だが、そこで手持ちの金がなくなった。文字通りの金欠です。金欠になったから、101人目以降の人は金交換を諦めてお帰り下さい。もう店仕舞いです。ごめんなさい――。一国の中央銀行たるものが、こんなことをいうわけにはいきません。ですから、金の切れ目を常にしっかり見極めながら、カネの発行量を調整していく必要があります。調整に失敗すれば、その国のカネは紙切れと化す。そうなれば、経済活動は急激に収縮します。どこまで収縮するかといえば、それは結局のところ、カネの切れ目が金の切れ目に見合うところまでです。かくして、経済活動の規模は決して金の切れ目を超えられない。これが金本位制という通貨制度の本質です。

なぜ「金」だったのか

この辺りでよく出る質問があります。それは、「なぜ、金本位制なのか。通貨の価値の裏打ちとして、当時の人々が金を選んだのはなぜ?」というものです。ごもっともな疑問ですよね。そして、とても重要な質問でもあります。

この質問に解答するには、そもそも、なぜ通貨は通貨なのか、という最も本質的な点を押さえておく必要があります。金本位制の最も古典的な姿は金貨が流通している状態です。まさに金そのものがカネとして機能している状態です。このような金本位制の形態を「金正貨本位制」といいます。金正貨本位制の下で、なぜ、人々は金を通貨扱いしたのでしょうか。キラキラ輝いて綺麗だったからでしょうか。それも正解だといえば正解です。ですが、全面的な正解だとはいえません。なぜなら、通貨は人がそれを通貨だと認めなければ通貨にならないからです。逆に、人がそれを通貨だと認めさえすれば、全然輝いていなくても、通貨は通貨であり得るのです。

この点について、とても解りやすく教えてくれている人物がいます。皆さんも良くご存じの人です。その人の名は安倍晴明。平安朝ファンタジーの大家、夢枕獏先生の小説によれば、晴明さんは大親友の源博雅《みなもとのひろまさ》さんに次のようにいっています。

「たとえば、ある場所に石が転がっている。……まだ、それには、石という名がつけられていない。つまりそれは、まだ、硬くて丸いだけの名のないものだ」

それに対して、博雅さんは「しかし石は石ではないのか」といいます。すると、晴明さんは、「いや、まだ、それは石ではないのだ」といいます。驚く博雅さんの顔をみてニヤニヤしながら（とは書いてありませんが、きっとそうでしょう）、晴明さんは次のように続けます。「人がそれを見、それを石と名づけて（中略）つまり、石という呪《しゅ》をかけ

て初めて石というものがこの世の中に現れるのだ」（『陰陽師　付喪神《つくもがみ》ノ巻』・文春文庫より）

金と通貨の関係についても、これと全く同じです。金も、人がそれを通貨だと認める、すなわち、金に「通貨という呪をかけて」こそ、初めて通貨となるわけです。いくら綺麗に輝いていても、そのような物理的特性だけで、金の通貨としての機能が確立するわけではありません。人々が金を支払い手段や価値の尺度として受け入れるからこそ、金は通貨となり得るわけです。

実は、かのカール・マルクスも『資本論』の中でこの点に言及しています。「金は、それ自体に価値があるから通貨なのではない。金は、通貨であるがゆえに、その価値が認められているのだ」。先生が著書で持って回った言い方でおっしゃったことを、かいつまんでいえば、こういうことになります。安倍晴明さんとマルクス先生の考え方は基本的に同じです。石であろうと金であろうと、人がそれを通貨だと認めることで、そこに通貨としての価値が発生するわけです。陰陽師と同じことをいっている。そのようにいわれたら、マルクス先生はお嫌かもしれませんね。まぁ、専門分野が違っても、偉大な頭脳の洞察は一致する。そういうことで、ここはご納得頂くしかありません。

通貨は人がそれを通貨と認めるから通貨となる。これが、通貨というものの経済的特性です。これで「なぜ金本位だったのか」という謎は解けましたか？　ここで「はい」と答えるようでは、いけません。ロビンソン先生に叱られます。「それにしても、なぜ、金だったの？　ほかの金属ではダメだったの？　それこそ、どうして石本位制にならなかったの？」こういう風に食い下がらなければいけません。そうしてこそ、次の発見につながるのです。重要なことは、質問を発することです。

そこで改めて、なぜ、金だったのかを考えてみましょう。ここから先の話には、金という金属の物理的特性がかなり関係してきます。キラキラで綺麗！　というのも、実をいえば、なぜ金なのかという点についての一つの答えではあるでしょう。この点については前述の通りです。経済活動は人間の営みですから、人間の好みがそこに影響を及ぼすのは当然です。それに加えて、金という物質の大きな特徴に均質性があります。金の延べ棒の右端と左端で品質が違うということはありません。錆びることもありません。少々重いですが、持ち運びもさほど難しくはありません。

キラキラがいいなら、ダイヤモンドは？　この辺では、この質問もよく出ます。ですが、ダイヤモンドは原石の状態とカットされた状態ではまるで価値が違ってきてしまいます。原石を欲しがる人とカット済みの宝石を欲しがる人では、ダイヤモンドが持つ意味が違います。宝石ダイヤモンドを原石ダイヤモンドに戻すことは出来ません。金なら、いったん、装飾品にしたものを延べ棒に戻すことが出来ます。

小麦やコメや原油ではダメですか？　食い物やエネルギー源こそ、最大の価値の源泉では？　そのような質問も出てきます。いずれもごもっともです。ですが、食い物やエネルギー源は保存や持ち運びが大変です。確かに、江戸時代の日本では「石高制」を採っていましたから、コメ本位制だったという言い方も出来るでしょう。しかしながら、コメもねずみに食われます。金貨のようなわけにはいきません。

こうしてみれば、確かに、金には通貨の価値の裏づけとして、長持ちする条件がそれなりに整っていたといえるでしょう。したがって、一旦、人々が金に「通貨という呪《じゅ》」をかけてしまえば、その魔法はなかなか解けなかったというわけです。

金本位制の内と外

さて、ここで申し上げておくべきことが一つあります。それは、金本位制という通貨システムには、二つの顔があるということです。内向きの顔と外向けの顔です。ここまでお話ししてきたのは、金本位制の内向きの顔、つまり国内的な側面でした。ここで、その外向けの顔、すなわち対外的な側面に視点を移したいと思います。金本位制の外向きの顔を論じる時には、「国際金本位制」という言葉を使うのが妥当です。単に「金本位制」といえば、それは内なる顔の方を指す。そのように表現を使い分けて頂くとよろしいかと思います。この使い分けがうまく出来ると、「ん、おぬし出来るな」と厳しいロビンソン先生も評価を上げてくれるでしょう。

国内的な金本位制においては、「キン（金）の切れ目がカネ（金）の切れ目」でしたね。これに対して、国際金本位制の下では、「カネ（金）が動けばキン（金）が動く」という力学が働きます。何を言いだしたかと思われるでしょう。このカラクリを以下で解明していきたいと思います。その前に確認しておくべき点が一つあります。それは、国際金本位制の下では、全ての国々が自国通貨について対外的な金交換義務を負うということです。国内向けに自国通貨の金交換を保証すると同時に、諸外国に対しても、自国通貨をその金平価に基づいて無制限に金と交換する。これが国際金本位制に参加する国々の義務でした。なお、この義務に応じるということは、当然ながら、金の国境を超えた自由移動を容認することも意味していたわけです。これらの事項を頭の中に収めた上で、単純なモデルケースを使って、国際金本位制下で展開する成り行きをみていきます。

金本位制を採る二つの国が取引を始めたとしましょう。貿易取引です。

その2カ国が日本とアメリカだったとしましょう。ここで、日本円の金平価が金1オンス＝1円で、米ドルの金平価が1オンス＝100ドルだったとしておきましょう。この二つの金平価を介して、両通貨間にも平価関係が成り立ちます。それはすなわち、1円＝100ドルということになりますよね。これが、両国通貨のお互いにとっての公定価格だということになります。これを円ドル間の「クロス平価」と名づけることにしたいと思います。両通貨の金平価を掛け合わせることで算出されるから、「クロス」平価です。なお、このクロス平価という言い方は、筆者の勝手なネーミングです。通常は、国内的な自国通貨の金価値についても、対外的な相手国通貨との関係についても「金平価」という言葉が使われます。これが少々紛らわしいので、ここでは便宜的にクロス平価という名称を使わせて頂こうというわけです。国際経済学会の大御所様たちに知れたら、怒られるでしょう。我々の中だけの秘密語だとお考え下さい。

さて、上記の1円＝100ドル（すなわちここでいう円ドルクロス平価）をしっかり憶えておいて頂ければ幸いです。もう一つ、憶えておいて頂きたいことがあります。それが、「金の現送費」というものです。読んで字のごとしで、これは金の現物を日米間で運ぶ時の輸送費です。ここでは、それが金1オンス当たり0・05円だとしておきます。クロス平価を使ってドルに換算すれば金1オンス＝5ドルということになります。

以上でお膳立てが調いました。これでようやく、国際金本位制下の貿易取引が何をもたらすかを考察していくことが出来ます。**図1**をご参照下さい。

日米間で取引が始まった当初は、両国間の貿易収支は均衡していたと想定しましょう。ところが、アメリカの景気が次第に過熱し始める。すると、国内需要が盛り上がるわけですから、アメリカの対日輸入がぐっと拡大する。他方、アメリカ企業は盛り上がる内需への対応で手一杯で、輸出を増やす余力がなくなる。したがって、対日輸出は伸び悩みます。こうなれば、結果はいうまでもありませんね。アメリカの対日貿易収支が赤字化することになります。

そうなると、アメリカは日本に対して貿易赤字分の支払いをしなければならない。そのためには、円貨が必要となります（このモデルでは、いずれの国も相手国への支払いは相手国通貨で行うことが原則になっていると想定します。現実には、そうとは限りませんが、これはあくまでもモデルですので、想定通りに思い込んで頂ければ幸いです）。そこで、アメ

図1　金が動いて、国内経済の過熱を冷ます

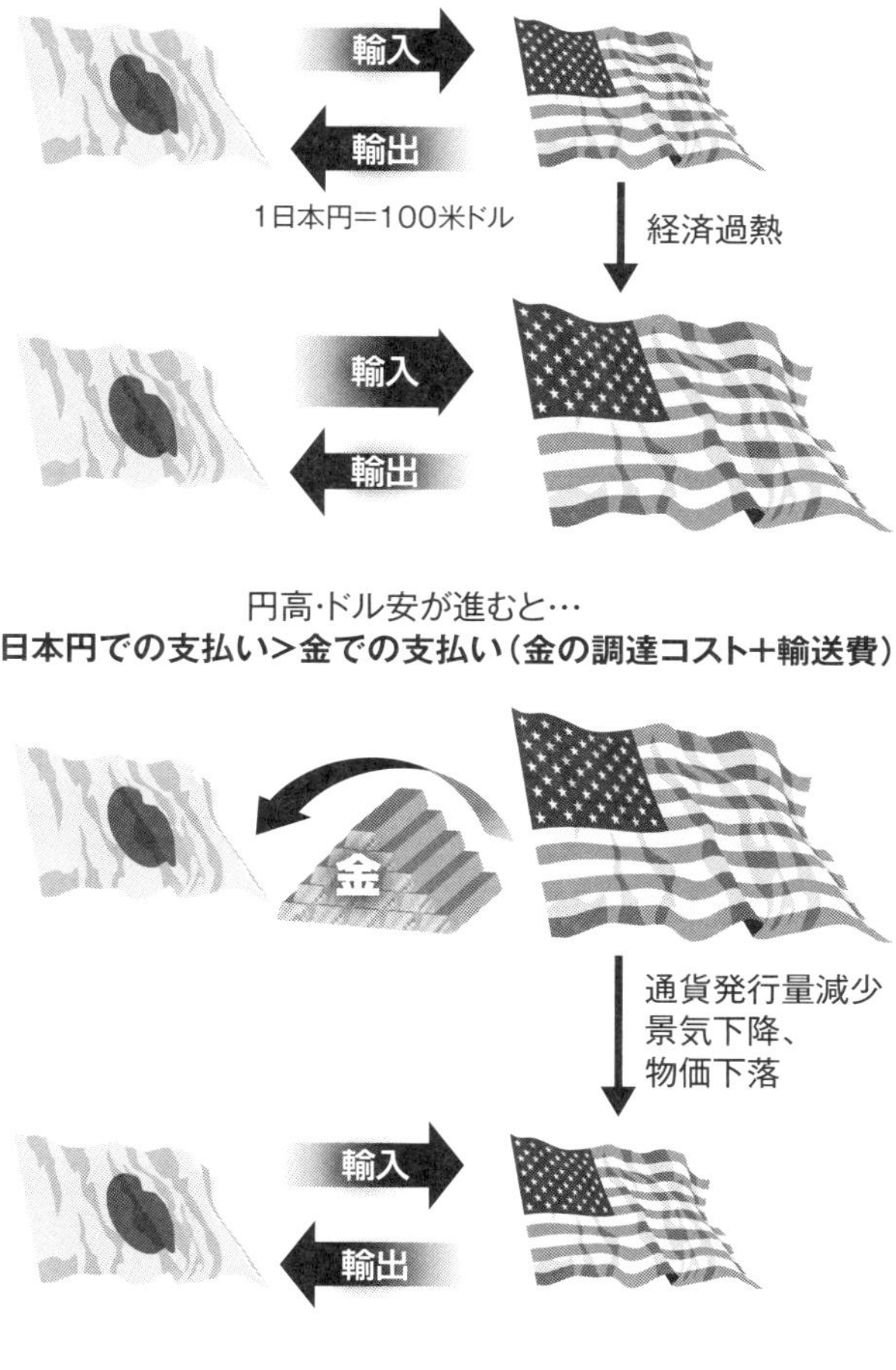

（出所）著者作成

リカは為替市場に出かけていって、売って円を買うことになります。すると、当然ながら円の対ドル為替相場が上昇することになります。ここで、賢明なる受講者の皆さんは「ん?」と思われますよね。円とドルとの関係は「クロス平価」で1円=100ドルに固定されているはずではないか。それなのに、なぜ、円の対ドル相場が上がったり下がったりするの? この疑念が出てきて当然、ごもっともです。ごもっともですが、実は、国際金本位制の下においても、通貨が売り買いされる場としての為替市場は存在したのです。状況を整理しておきましょう。

金本位制の下で、例えば日本の中央銀行である日銀が、日本国民や海外政府などを相手に円や金を取引する場合、その売買価格はあくまでも金平価でした。誰かが、1オンスの金を日銀に持ち込めば、日銀はそれを1円の円貨に換えてくれる。誰かが1円の円貨を日銀に持ち込めば、日銀はそれを1オンスの金に換えてくれる。これが金本位制の約束事です。しかしながら、円や金を取引する相手同士がいずれも民間人なら、その場合の取引価格はその時々の需給によって決まります。ですから、アメリカの対日輸入業者が円を買いに為替市場に出向いた場合、いくら円ドル間の「クロス平価」が1円=100ドルだからといっても、100ドル出せば1円が手に入るとは限りません。円に対する需要が強いわけですから、円相場はどうしても上昇することになります。為替市場に参加する民間人たちは、別段、日銀のように金平価に縛られているわけではありませんのでね。

そういうことなら、何のための金平価なの？　いくら金の公定価格を決めたところで、結局は市場で価格が動くなら、金本位制にはそもそも一体どういう意味があったの？　さぞやそのように問い詰めたくなっておいででしょう。実は、ここから先が面白いところなのです。再び、為替市場に目を戻しましょう。

金が金に変わる時

そこでは、アメリカの輸入業者による円への需要が高まって、円高ドル安が進行しています。1円＝1０6ドルというところまで、円高が進んだとしましょう。さて、ここでアメリカ側の対日輸入支払い総額が1００円だったとします。1円＝1０6ドルという為替相場の下で、アメリカ側が1００円を手に入れるためには、1０6ドル×1００＝1万6００0ドルのコストがかかります。この段階で、少々機転のきく輸入業者さんなら、何を考えると思われますか？　彼は、きっと日米両国が金本位制を採っていることを思い出すでしょう。そこで、次のように考えるはずです。

俺が為替市場で100日本円を手に入れるには、1万6000ドルのコストがかかる。だが、待てよ。100日本円というのは、円の金平価で換算すれば、金100オンスに相当する。アメリカの金平価でいえば、金100オンス＝1万ドルだ。つまり、俺が我が国の中央銀行であるFRB（米連邦準備制度理事会）に行って1万ドル支払えば、彼らは俺に100オンスの金を渡してくれる。この100オンスを日本に送るとすれば、かかる現送コストは5ドル／オンス×100＝500ドルだ。わざわざ市場で円を買って日本の取引先に支払うよりは、何と、100ドルも安上がりじゃないか！　先方だって、100オンスの金が届けば、それを日本銀行さんに持っていけば、ちゃんと100円支払ってもらえる。文句をいう余地はない。よし！　もう、ここから先の支払いは全部、金に切り替えだ！

誰もがこう考えるようになれば、やがて、全ての対日輸入決済は、円による支払いから金そのものの現送に変更されることになります。すると、その結果として何が起きるか。要は、アメリカから日本に向かってどんどん金が流出することになるわけです。かくして、為替相場の変化が金の移動を引き起こす。すなわち「カネが動けば、キンが動く」ということになるわけです。そして、その先はどうなるか。もうお解りでしょう。金の対日流出に見舞われたアメリカでは、「キンの切れ目がカネの切れ目」ですから、通貨発行にブレーキがかかります。すると、カネの切れ目が景気の切れ目で、過熱していた景気も急速に下降局面に向かうことになります。すると、内需停滞に対応して輸入が減る。国内で売れ行きが悪くなった品物は海外に押し出されますから、輸出は増える。かくして、赤字化していた貿易収支は均衡に向かうことになります。

するとー、今度は何が起こりますか？　為替市場はどうなるでしょうか。ご明察の通り、アメリカの対日赤字が縮小すれば、円に対する需要も減りますから、1円＝106ドルまで上昇していた円の対ドル相場は低下に向かいます。そして、1円＝105ドルを下回るところまで来れば、そこでアメリカから日本への金流出は止まります。なぜなら、1円＝105ドルより円安の為替水準の下では、金の現送は円貨による支払いより高くつくことになるのです。

そして、ついに日米間の貿易収支が均衡した時、為替市場における円ドル相場はどうなっているでしょうか。それは1円＝100ドルに落ち着いているはずです。1円＝1

00ドルとは何だったでしょう。そうです。これまたご明察の通り、これは今我々が検討しているモデルの中の日米両国間クロス平価ですよね。つまり、アメリカの対日貿易赤字発生に伴って為替市場で一旦は円高が進行しても、貿易収支が調整されていく過程の中で、市場レートも結局は両国間のクロス平価に立ち戻っていくということなのです。

なぜ、そのようなことになるのでしょうか。それを考えていきましょう。

まず、アメリカからの金流出によってアメリカの対日赤字がすっかり解消した時点では、為替市場において、アメリカによる対日支払いのための円需要、すなわちは円に対する実需は発生しません。その状態の下で、残る円需要とは何でしょうか。それは投機的需要です。すなわち、支払いのためではなくて、為替取引によって儲けるための需要です。そして、この投機的需要も、市場レートが1円＝100ドルまで来ると発生しなくなるのです。そのカラクリは次の通りです。

金輸出点が経済拡大の限界

為替市場で1円＝106ドルまで円高が進行している時、それに気づいた投機家は、円を市場に持ち込みます。それは、もともと彼が手元に持っていた円かもしれません。手持ちの金を円に換えたかもしれません。手持ちのドルを一旦金に換えて、それをまた円に換えたかもしれません。いずれにせよ、1円の円貨を為替市場で売れば、106ドルが手に入ります。公定価格なら1円＝100ドルですが、それより6ドル儲かるわけです。この106ドルを中央銀行で金に換えてもらえば、1・06オンスの金が手に入ります。1円を1円のままにしておけば、それを中央銀行に持ち込むことで手に入る金は1オンスです。しかしながら、これを為替市場でドルに換えておけば、0・06オンス分、余計に金を入手することが出来るわけです。

このようなわけで、円高が進行している限りにおいて、投機的な円売りドル買いが続きます。しかしながら、円貨による貿易決済が金の現送に代わり、そのことに伴って円高が収束して1円＝100ドルまでくれば、もはや円売りによる投機的な儲けが発生する余地はなくなります。市場レートがクロス平価と同じになってしまえば、円貨を為替市場に持ち込むことに意味はありません。かくして、1ドル＝100円になったところで投機的な需要も消滅し、為替レートはこの時点で動かなくなるわけです。

以上を整理すると、市場におけるこの間の円ドル為替レートの動きについて何がいえるでしょうか。まず、さしあたり円高が進行しても、結局は必ず1円＝100ドルに立ち戻るわけですから、この場合の為替変動の下限は両国間のクロス平価だということになります。

上限については、既にお解りだと思いますが、それは1円＝105ドル、つまり「クロス平価＋金現送費」のレベルです。だが、ちょっと待てよ。前の例では、1円＝106ドルになっています。ご指摘の通りです。実際には、市場レートが「クロス平価＋金現送費」を上回る場面が発生するでしょう。しかし、そうなると急速に全ての決済が金現送に切り替わっていきます。要は、ほんの少しでも相場の実勢が1円＝105ドルを上回ると、円貨に対する需要は消滅に向かうことになるわけです。

その意味で、1円＝105ドルを円高の天井だとみなすことが出来ます。この点に達すると、決済が全て金現送に切り替わる。そのことを受けて、この「クロス平価＋金現送費」ポイントを貿易収支赤字国アメリカから黒字国日本への「金輸出点」と呼びます。これを踏まえていえば、このモデルケースにおいて、円ドル間の市場レートはクロス平価を下限とし、金輸出点を上限とする範囲でしか動かない。そういうことになります。そして、市場レートがその上限である金輸出点に達したところから、アメリカの貿易赤字は縮減に向かい、市場レート＝クロス平価となったところで均衡に達する。

こうして、国際金本位制の下では、貿易赤字国はその頭が金輸出点にぶつかったところで、必ず、収支均衡の方に引き戻されることになります。対外的に貿易収支が均衡に戻るということは、国内的にみれば、貿易赤字すなわち輸入超過が解消するところまで、経済活動が収縮することを意味します。これは否応なしのプロセスです。何しろ、国内でキンの切れ目がカネの切れ目になっているのですから、これはどうしようもありません。為替レートはクロス平価と金輸出点との間でしか動かず、貿易赤字も金輸出点に対応するところまでしか拡大を許されず、したがって経済活動も金輸出点までしか拡大出来ない。そういうことになります。

金輸入点が経済収縮の限界

以上は、我々の日米二国間国際金本位制モデルにおいて、アメリカが対日貿易赤字を計上した場合のプロセスでした。復習を兼ねて再整理しておけば、そのプロセスとは次のようなものでした。

赤字発生→円高進行→円ドル市場レートの金輸出点到達→アメリカからの対日金流出→アメリカの経済活動縮小→輸入減・輸出増→貿易赤字解消→円ドル市場レートの両国クロス平価への収斂

賢明な皆さんは既にお気づきの通り、アメリカの対日貿易収支が黒字を計上している状態から出発すれば、以上と全く正反対のプロセスを辿って、両国間の収支不均衡はやはり解消し、為替レートもクロス平価に立ち戻ることになります。前記の裏返しをイメージして頂ければいいので、改めて詳述する必要はないと思いますが、簡単に整理しておけば、次のようになります。

アメリカの対日貿易収支が黒字化すると、為替市場では円安ドル高が進行することになります。日本からみれば対米赤字になっているわけで、それを決済するためのドル需要が高まるからです。その結果、市場では両国通貨間の為替レートが1円＝94ドルになったとしましょう。ここで、日本側の対米要支払い額が1万ドルだったとします。1円＝94ドルの下で日本側が1万ドル分のドルを手に入れようと思えば、そのための円建てコストは約106円です（1万×〈1／94〉）。ところが、この1万ドル分の支払いを金の現送に換えればどうなるでしょうか。米ドルの金平価が金1オンス＝100ドルですから、1万ドル分の金とは100オンスの金を意味します。日本円の金平価が1オンス＝1円ですから、100オンスの金を入手するためのコストは100円です。こうして入手した金100オンスをアメリカに送るための現送費は5円です（1オンス当たり0・05円×100）。この分を加味しても、金をアメリカに送るコストは105円です。ドル資金を調達して決済するよりも、約1円安くて済みます。こうなれば、日本からの全ての対米支払いが金に切り替わります。アメリカ側にしてみても、金100オンスを受け取れば、それを中央銀行の窓口でドルに換えれば1万ドルが手に入るわけですから、文句はいいません。

こうして、日本からアメリカへの金の流入が始まる点を「金輸入点」と呼びます。金輸入点の為替レートは1円＝約95ドルです。つまり「日米クロス平価－金現送費」ポイントです。ここまで来ると、日本からアメリカに金が流入し、その分、アメリカ経済は拡大し始める。したがって輸入が拡大して輸出拡大にはブレーキがかかる。その結果、アメリカの対日黒字は解消に向かい、やがて均衡する。その時、両国通貨間の市場レートは1円＝100ドルのクロス平価に立ち戻っている。

つまり、黒字発生↓円安進行↓円ドル市場レートの金輸入点到達↓日本からの対米金流入↓アメリカの経済活動拡大↓輸入増・輸出減↓貿易黒字解消↓円ドル市場レートの両国クロス平価への収斂――。

というプロセスを辿ることになるわけです。

かくして、シッポが犬を振る

以上のように、国際金本位制の下では、2国間の為替レートはクロス平価を中心にその上限をクロス平価＋金現送費、下限をクロス平価－金現送費とする範囲でしか動かないのです。そして、上限にぶつかれば、赤字国からの金流出が経済活動の収縮をもたらし、その国の貿易収支が均衡するまで、収縮プロセスが続きます。下限にぶつかれば、黒字国への金流入が経済活動の拡大をもたらし、その国の貿易収支が均衡するまで、拡大プロセスが続きます。

このようにして、国際金本位制の下では金の国家間移動が引き金となって、国々の貿易収支は一旦赤字化したり黒字化したりしても、必ず均衡に戻るのです。金の移動が、そのような調整を国内経済に対して自動的に強制するからです。国際金本位制が内包するこのような力学を、経済学の世界では「金本位制の自動調節メカニズム」と名づけています。より正確には、「国際金本位制の内外均衡同時自動達成メカニズム」といった方がいいでしょうね。

もう一つ別の言い方でいえば、「国際金本位制の対外均衡自動的絶対優先メカニズム」という命名の仕方が成り立ちます。実をいえば、この点はなかなか重要です。上記の一連の流れの中でお解りの通り、この仕組みの下では、貿易収支を均衡させる方向に全ての力学が働きます。国内の経済状況に関する頓着が介在する余地がありません。もう少し貿易赤字が膨らんでも、景気拡大が続いた方がいいなぁ。いくら人々がそのように思っても、ひとたび為替レートが金輸出点に到達してしまえば、有無をいわさず、自動的に金流出が始まって、景気拡大は収束に向かってしまいます。多少、景気が低調でも、のんびり出来る方がいい。貿易黒字が貯まるのも有難いし……。そう思ってもダメです。為替レートが金輸入点に達すれば、情け容赦なく金が流入してきてしまって、忙しくなることを強いられるのです。

為替レートや貿易収支は、一国経済の対外的な側面です。景気が上向くか下向くかは、その国の対内的な側面です。国際金本位制の下では、常に一国経済の対外的側面の均衡が絶対的に優先されます。為替レートがクロス平価の水準に落ち着いて、貿易収支が均衡する。その状態を作り出すように金が国際間を移動し、そのことが国々の経済実態を振り回すのです。ここで、一つの国を一匹の犬に見立てれば、その対内的側面が犬さんのボディー。対外的な側面は犬さんのシッポという感じになります。通常、ボディー側から指令が出るから、それに応じてシッポが振り振りするわけですよね。シッポが胴体を振り回すということはありません。ところが、国際金本位制下においては、必ずシッポが胴体を振り回す。シッポからの指令でボディーがあっち向いて振り振り、こっち向いて振り振りさせられることになるのです。可哀想な犬さん。

可哀想ではありますが、シッポに絶え間なく振り回されることを我慢すれば、犬さんは常に健康体を維持することが出来ます。国際金本位制の自動調節メカニズムが作動している限りにおいて、一国の経済活動は、極端にインフレ化することも極端にデフレ化することもありません。犬さんは激痩せも激太りも心配することはないわけです。いつも、コンパクトできゅっとしまった完璧ボディー状態を保つことが出来るのです。

こんなに素敵なことはない。犬さんがそう思い続けていれば、金本位制という通貨システムは、今でも安泰だったはずです。しかしながら、金本位制はその内的側面においても、外的側面においても、今の世の中には存在していません。内なる金本位制に代わって、今、国々が採用している通貨システムは「管理通貨制」です。国際金本位制に代わって一般化しているのが、変動為替相場制です。通貨の世界は、なぜ、このような変貌を遂げたのか。変貌の経緯はどのようなものだったのか。管理通貨制と変動為替相場制が支配する今日は、通貨的にいえばどんな時代なのか。これらのことについて考えるために、通貨的歴史探訪の次のステップに進んで参りましょう。

3 「金もどき通貨」ドルの興亡

さらば、国際金本位時代

国際金本位制が事実上瓦解したのは、1931年のことです。正確にいえば、193

1年9月です。この時、イギリスが金本位制を停止しました。その理由は単純明快です。イギリス経済が「金（キン）の切れ目が金（カネ）の切れ目」の体制に耐えられなくなったからです。その間の経緯にここで深く立ち入っていると、それだけで一冊の本になってしまいます。この辺りの詳細については、他の拙著（『ザ・シティ 金融大冒険物語～海賊バンキングとジェントルマン資本主義～』毎日新聞社など）でご確認頂ければ幸いです。実に面白い顛末です。かのケインズ大先生が、新参者の生意気エコノミストとして大活躍したりしています。是非、探求してみて下さい。いえ、何も拙著をテキストにして頂かなくても結構ですよ。他著を参考書に採用されたからといって、本講座の単位を差し上げないなどとは、決して申しません。多分……。

金本位を放棄したことで、イギリスは二つの大いなる解放を満喫出来ることになりました。その一が、国内的な金（キン）の拘束衣からの解放。その二は、対外的な自国通貨ポンドの金交換義務からの解放です。この二つの解放のおかげで、まずは、金（キン）の切れ目に制約されることなく、成長政策を追求することが出来るようになりました。それだけではありません。対外的な金本位を放棄したことで、ポンドの対外価値すなわち為替レートについても、制約がなくなったのです。

こう申し上げたところで、「あ、そうか！」とピンと来て頂ければ上々です。「ん？」という感じになられる場合には、前節の「金輸出入点」に関するくだりをちょっと復習してみて下さい。いずれにせよ、賢明なる皆さんには、すぐご理解頂けるでしょう。

ご記憶の通り、あるいは復習して頂いた通り、国際金本位制下では、各国通貨の為替レート変動が厳しく制約されていました。クロス平価を中心に上限が金輸出点、下限が金輸入点でしたよね。国際金本位システムに参加している限り、参加各国通貨の市場での為替レートは、この狭い変動幅の中でしか動けない。そういうことでした。ところが、金本位をやめてしまえば、自国通貨の金交換をやめるわけですから、金の現送は起こらない。金平価もクロス平価も成り立たない。市場の需給に対応して、自国通貨の価値がいくらでも上がったり下がったりするわけです。この大いなる自由を利用して、イギリスが何を始めたと思われますか？　そう、ポンドの価値をどんどん下げる方向に動き出したのです（これをイギリスがどんなやり方で実現したかという点についても、説明を始めると長くなりますので、ここでは省略させて頂きます）。

いうまでもなく、ポンド安を追求することでイギリスが狙ったのは輸出主導型成長です。他通貨に対するポンドの価値を下げることで、輸出品の価格競争力を強化しようとしたわけです。要は、世界に向かって為替戦争を仕掛けたということです。

　誰かがこれをやりだすと、もはや、歯止めがかかりません。負けてはならじと、他の国々も相次いで金本位を放棄し、自国通貨安を狙うようになりました。かくして、１９３０年代の世界は、イギリスを仕掛け人とする果てしなき為替切り下げ競争の泥沼に吸い込まれていったのです。このエンドレスな消耗戦に誰もが疲れ切った時、英米仏の３国間で「三国通貨協定」が締結されました。１９３６年9月のことです。その内容の詳細についても、ここでは立ち入りません。これまた自力で穴埋めして頂ければ幸いです。ビジネススクールの授業には、こういう面が多分にあるのです。山のような予習・復習の中で、授業で取り扱うテーマの背景や底辺を埋めていく。その自主性と自律性が問われる世界です。それがあってこそ、ロビンソン先生のお眼鏡にかなうような「重要質問」を発することも出来るというものです。などと偉そうに申し上げてお手数おかけいたしますが、どうぞ、よろしくお願いいたします。さもなくば、本書は何十巻にも及ぶ大長編になってしまうでしょう。

　というわけで、何はともあれ、ここでは、三国通貨協定成立をもって、全般的な国際金本位制の時代が幕を閉じたということについて、「脳内付箋」をしっかり立てておいて頂ければと存じます。

こんにちは、パックス・アメリカーナ

国際金本位制の瓦解とともに、世界は戦間期のつかの間の平和とも決別を強いられることになりました。通貨の世界が再び秩序ある世界に立ち戻ったのは、第二次世界大戦終了後のことです。国際金本位制に代わって、戦後の新たな通貨体制として登場したのが、いわゆるブレトンウッズ体制です。１９４４年７月、アメリカのニューハンプシャー州ブレトンウッズで、戦後の国際通貨秩序づくりに関する国際会議が開かれました。その結果として成立したのが、ブレトンウッズ体制です。ブレトンウッズ体制は、国際通貨基金（ＩＭＦ:International Monetary Fund）と国際復興開発銀行（ＩＢＲＤ:International Bank for Reconstruction and Development、現・世界銀行）を両軸とする国際的通貨金融体制です。この体制が確立したことで、通貨の世界はパックス・アメリカーナの時代に入った。そのようにいうことが出来ます。

パックス・アメリカーナという言葉の意味は皆さんよくご存じだと思いますが、念の

ために説明しておきますと、パックス（Pax）は「平和」、アメリカーナ（Americana）は「アメリカによる」の意。いずれもラテン語です。「アメリカによる平和」というわけで、要するにアメリカの繁栄が世界に平和をもたらすということをいいたいわけです。語源はパックス・ロマーナ（Pax Romana）の転用です。ローマ帝国の繁栄が世界に平和を行き渡らせるという意味で、ローマ時代の哲学者セネカの表現だといわれています。この言い方をもじって、まずは「パックス・ブリタニカ」（Pax Britannica）という言葉が生まれました。ブリタニカはイギリスを指すブリテン（Britain）をラテン語化した言葉です。大英帝国時代のイギリスを古代ローマ帝国になぞらえて、大英帝国の繁栄が「パックス・ロマーナ並みに世界に平和をもたらした」とイギリス人たちが豪語したのでした。

パックス・ブリタニカの時代は、通貨の観点からみれば国際金本位制の時代にほかなりません。当時はイギリスが世界の工場であり、世界の金融センターだった。そのようなイギリスの通貨であるポンドは、自ずと通貨の王様となった。その王様通貨の価値を裏打ちしているのが金だった。だからこそ、イギリスと取引をしたくて、そのためにポンドを必要としている世界中の国々が、こぞって金本位制を採用していたわけです。「ブリタニカ」が「パックス」の担い手であり続けられなくなった時、言い換えれば、大英帝国が世界の中心であり続けることが出来なくなった時、国際金本位制も、その歴史的役割に幕を下ろした。それが上述の１９３１年当時の歴史的構図でした。

パックス・ブリタニカとその通貨的側面である国際金本位制が歴史の舞台を降りた後、代わって舞台中央に躍り出たのはパックス誰の時代で、その通貨的側面はどのようなものであったか。それがすなわち、パックス・アメリカーナの時代であり、その通貨的側面がブレトンウッズ体制だったわけです。

第二次世界大戦が終結した時点で、世界の中心は間違いなくイギリスからアメリカに移動していました。何しろ、アメリカだけが第二次大戦の戦禍をほぼ完全に免れたわけですから、これは当然の成り行きでした。広大な焼け野原の中に、一人アメリカが屹立している。そんな状態でした。ですから、アメリカ以外の世界は万事においてアメリカ頼みとなりました。アメリカの資金力と生産力なしには、誰も経済活動をまともに回すことが出来なかったのです。まさしく、アメリカの繁栄が世界の平和と発展を支えるという関係になっていました。この構図を背景として、通貨の世界においても、パックス・ブリタニカの旧秩序からパックス・アメリカーナの新秩序への移行が進行することになったわけです。

基軸通貨とは何か

さて、話をさらに進める前に、ここで一つ踏まえておかなければならないことがあります。それは、基軸通貨とは一体何かということです（正確には「国際基軸通貨」ですが、以下では「国際」は省略させて頂きます）。パックス・ブリタニカ時代の基軸通貨は英国ポンドでした。パックス・アメリカーナの時代となって、基軸通貨の座をポンドから引き継いだのが米ドルです。基軸通貨の座を引き継ぐために、米ドルに求められた要件はどのようなものだったのでしょうか。

基軸通貨という言葉は、実になにげなく使われがちです。この言葉を口にすると、何となく、全てが解ったような気持ちになる。多くの人々が半ば共通語として用いている言葉です。ところが、使う人によって、そこに込められた意味やイメージは結構異なっている。したがって、基軸通貨談義に打ち興じる人々は、同じことを話題にしているつもりが、実は全く違う話をしていたりする。基軸通貨という用語には、どうも、このような問題がつきまといがちです。この手の言葉は危険です。我らの経済名探偵養成講座においては、この危険物を独り歩きさせる前に、その意味するところをきちんと整理しておきたいと思います。

教科書的な定義をみれば、基軸通貨とは「国際決済に幅広く利用される通貨で、国々の外貨準備の中でも大きな位置づけを占める」というような書き方が定番です。確かに、その通りです。決して間違いではありません。ただ、この定義の仕方は、実をいうと何も定義していません。状況を説明しているだけです。要は、「基軸通貨だから」国際決済に幅広く利用されるのであり、「基軸通貨だから」国々の外貨準備の中で大きな位置づけを占めることになるわけです。基軸通貨を英語でいえば「キーカレンシー」（key currency）です。いわば、通貨の世界におけるキーパーソンという感じですね。キーパーソンは誰からも信頼され、多くのビジネスの要となる人物です。ですが、それをいっただけでは、その人がなぜ、そのようなキーパーソンとしての地位を得ているのかは解りませんよね。同様に、キーカレンシーについても、キーカレンシーであることがもたらす状態を説明しただけでは、何がキーカレンシーをキーカレンシーたらしめているのかを解明したことにはなりません。状況説明は要因解明ではありません。エコノミストに決して騙されない境地を目指す皆さんにおかれては、この手の落とし穴に陥らない術を身に付けて頂くことが肝要です。

然らば、基軸通貨の本来の定義とは何か。この課題に対しては、基軸通貨国とはどういう国か、という観点から接近するのが正しいやり方だと筆者は思います。皆さんは、基軸通貨国をどう定義されますか？　筆者は、基軸通貨国とはすなわち、「その国にとって良いことが世界中にとっても良いことだ」といえる国のことだと考えています。その国がひたすら自国の繁栄を追求すればするほど、世界中にも繁栄が及ぶということです。そのような条件を満たしていて、それだけ、圧倒的に頼り甲斐のある存在である時、その国の通貨もまた、基軸通貨として世界中から頼りにされる。そのように考えていいでしょう。

このような条件を満たし得る国とは、どのような国か。それは、要するに強い国です。それも、並大抵の強さではない。他の追随を許さない。そのように突出した強さを誇る国でなければ、基軸通貨国にはなれません。なぜなら、中途半端に強い国の場合は、その利害追求が他の中途半端に強い国の利害追求とバッティングする可能性が生じてしまいます。巨人的強さを独占している。そのような立場にある国であればこそ、その他大勢にとっては、寄らば大樹の陰です。そして、大樹は大樹になってくれればくれるほど、その陰に頼る者たちには有難いわけです。

ここまで来れば、皆さんは既にお気づきのことと思います。要するに、基軸通貨国とは、すなわち「パックス誰それ」の称号に値する国だということです。その国の繁栄が、広くその他大勢に恩恵を及ぼす。そのような位置づけにある「パックス誰それ」国だからこそ、その国にとって良いことが、他の全ての国々にとっても良いことになるわけです。そして、だからこそ、その国の通貨に対して誰もが絶大な信頼を置く。そういうわけです。

さて、そういうことになると、そこから一つ新たな疑問が湧いてきませんか？　「パックス誰それ」国が、すなわち基軸通貨国なのだとすれば、「パックス誰それ」国なきところに基軸通貨国なし、ですよね。この観点から今日の時代環境を考えるとどうでしょう。グローバル化が進展する今の世の中において、「パックス誰それ」ぶりを謳歌出来る存在が見当たるでしょうか。もしも見当たらないのだとすれば、グローバル時代は基軸通貨なき時代だということになりますよね？　筆者はそのように思うのですが、この深遠なる問題には後ほどまた立ち戻ることにしたいと思います。その時まで、どうか、このテーマをご記憶に留めておいて頂きますよう。ビジネススクールの講義では、いつ何時「例のあの点、憶えていますよね。どういう脈絡のどういう話だったでしょうか」と迫られるか解りませんので、記憶の引き出しは開け閉めがスムーズになります。

パックス・アメリカーナの内と外：最後の金本位通貨

さて、話を進めましょう。パックス・アメリカーナの通貨体制とはどのようなものだったでしょうか。前に金本位制の「内と外」について考えたことはご記憶の通りです。実は、パックス・アメリカーナの通貨体制にも「内と外」があるのです。

少々復習しましょう。金本位国同士が取引を始めると、そこに国際金本位制が成り立つということでした。そして、国際金本位制の下では、取引国間の金現送というメカニズムを介して常に内外均衡の自動達成がなされる。そういうことでしたね。金本位国の国内における「キンの切れ目がカネの切れ目」の原理が、金の輸出入を通じて取引国間に伝播し、取引各国の国内需給均衡と国際収支の均衡が常に自ずと達成される。内外均衡が達成された時点で、各国通貨の為替相場は自ずと金平価に収斂する。これが金本位制の「内・外」構図でした。要は、金本位制の内と外は表裏一体の関係にあり、両者が足並みをそろえてせっせと内外均衡の自動達成を導き出す仕組みになっていたわけです。

ところが、パックス・アメリカーナの通貨体制における内・外関係は、金本位制のそれとは大きく異なるものでした。そこにあるのは、表裏一体関係どころか、表裏反対関係でした。内と外とが向かおうとする方向が正反対。それがパックス・アメリカーナの通貨体制における内・外関係だったのです。

まずは「外」の方からみていきましょう。戦後において基軸通貨国となったアメリカは、ドルを対外的な金本位通貨とすることを宣言しました。海外の政府や通貨当局から、彼らが保有するドルを金に換えてくれという要請があれば、いつでも、そしていくらでも、それに応じる。そう約束したのです。そして、金交換要請に応じる場合の交換レート、すなわちドルの金平価は、金1オンス＝35ドルという水準に設定されました。この時をもって、ドルは世界で唯一の金本位通貨となりました。ブレトンウッズ会議に参集した他の全ての国々は金本位を既に放棄していました。それに対して、一人アメリカだけがドルの金との交換性を保持する道を選択したのです。かくして、世界中でドルだけが、金と同じ輝きを持つ通貨としての位置づけをほしいままにする状況となったのです。かくして、ブレトンウッズ体制の発足とともに、ドルは最後の金本位通貨となりました。いわば一人国際金本位制の担い手と化したわけです。

ところが、その一方で「内」の世界では状況が大きく変わりました。対外的にはドルが金本位通貨であることを宣言しながら、内にあっては、アメリカは何と金本位体制を放棄してしまったのです。つまり、アメリカ国内では、いくら中央銀行であるFRB（連邦準備制度理事会）に対して自分が持っているドルを金に換えてくれと迫っても、決して応じてくれることはない。国内的には、ドルはもはや金との交換性のない通貨と化したのです。

ドルの金交換を止めたわけですから、もはや、「キンの切れ目がカネの切れ目」である必要もなくなりました。それに代わって、アメリカが採用した内なる通貨体制が、いわゆる「管理通貨制」でした。金本位制の下では、カネの切れ目をキンが決める。これに対して、管理通貨制の下では、カネの切れ目はヒトが決めます。要は中央銀行の裁量によって世の中に出回るカネの分量が決まるという方式です。今や、このやり方が当たり前になっていることは、申し上げるまでもありません。日銀は金融緩和をどこまで続けるのか。アメリカのＦＲＢは、果たしていつ金利引き上げに踏み切るのか。このようなテーマをめぐって、今の世の人々が一喜一憂するのは、管理通貨制が幅広く一般化しているからです。金本位時代の人々にこんな話をしたら、我々がいっていることの意味をなかなか解ってもらえないでしょう。

もっとも、まさにその金本位時代をリアルタイムで生きながら、その限界を説き、キンに代わってヒトが通貨供給を管理する方式への移行を声高に主張した人物もいました。その人こそ、かのケインズ先生です。既にちらりとご紹介申し上げた通り、若き日の先生は、新参エコノミストのくせに、何と泣く子も黙るイギリスの老舗中央銀行、バンク・オブ・イングランドに金本位制をやめて管理通貨制を採れと迫ったのです。とりあえずは一蹴されましたが、最後に笑ったのは先生でした。管理通貨制の時代は、跳ねっ返り者の山師エコノミストの勝利の高笑いから始まったというわけです（どうです。ここで、やっぱり『ザ・シティ　金融大冒険物語～海賊バンキングとジェントルマン資本主義～』を読みたくなってきません？）。

それはともかく、戦後のアメリカは、なぜ、このような奇妙な通貨体制を採ったのでしょうか。外に向かってはドルの無制限金交換を約束しておきながら、内にあってはドルの金交換義務を放棄して、裁量的にドルを発行する。要は全く辻褄が合わないのです。内外不一致型通貨体制です。この時点のドルは、いわば二重人格通貨でした。なぜ、このようなことになったのか。そこには、ざっくりいえば次の三つの要因が働いていました。

・アメリカのご都合主義
・アメリカの自信過剰
・アメリカの自信欠如

まず、アメリカのご都合主義とは、要は管理通貨と金本位のいいとこ取り願望です。国内的には、キンの切れ目がカネの切れ目の拘束衣から解放されたい。

だが、その一方では世界で唯一の金本位国として、燦然と光り輝く姿を世界に向かって誇示したい。この何ともわがまま勝手な欲求が、二重人格通貨としての基軸通貨ドルを産み落としたのです。

ここでまた、皆さんの中から疑問が提示されそうですね。そんなわがまま勝手、通用するわけないじゃない。国内でキンの切れ目を意識せずにがんがんカネを作り出していて、どうして対外的にカネの金への交換性を維持することが出来るのか。そんなの行き詰まることは目に見えていたんじゃないの。さぞや、そうおっしゃりたいところだと思います。まったくその通りですよね。ただ、当時のアメリカには、このわがまま勝手が通用してしまうだろうと思い込みたくなる事情が一つありました。そして、この事情こそ、実は自信過剰要因と自信欠如要因の複雑な絡み合いを醸成する効果をもたらすことになったのです。その辺を謎解きしてみれば、次の通りです。

まず、当時のアメリカが対外的な金本位維持に自信を持てたのは、何といっても、金をたくさん持っていたからです。何しろ、第二次世界大戦が終わった時点で、世界の貨幣用金の7割以上がアメリカに集中しているという状況だったのです。なぜそうなったかということについては、諸説あります。その一つに、1930年代半ばをもって唯一の金本位国となったアメリカ（そこにいたる経緯については「三国通貨協定」をキーワードに、是非、自習してみて下さい）に国々が次々と金を持ち込んでドルに換えたというのがあります。いずれまた回収することを前提に、さしあたり、再び戦禍に見舞われそうな欧州から金を一時退避させたケースもあれば、当座の決済資金を確保するためのドル選好の高まりだったという指摘もあります。戦火が激しくなる中で、対米輸入の決済が次第に金に切り替わっていったという説もあります。そのほか、ユダヤ系資本の陰謀説な

ども あり、真相の全貌は必ずしも定かではありません。要は、様々な理由があいまってアメリカへの金集中を引き起こしたと理解しておいて頂ければいいでしょう。

いずれにしても、第二次大戦が終わってみれば、アメリカは世界で突出した文字通りの「金持ち」国になっていたわけです。ここまで自分だけが金を大量に保有していれば、世の中にいくらドルが出回っても、大丈夫。金が底をついて、ドルの金交換請求に応じられないなどという事態は発生しない。そのようにアメリカが確信したのも、無理はありませんでした。世界中の金の7割を手中に収めていれば、そのような気分にもなったでしょう。さらには、戦後の世界経済がドルなしには回らなくなっているということによる強い自負もあったでしょう。世界はドルを必要としている。必要としているドルなのだから、そのドルを誰も金に換えろとはいってこないだろう。その読みもあって、二重人格通貨のわがまま勝手を押し通してしまえると踏んでいた。そのような側面もあったでしょう。この点には、次に改めて立ち戻りたいと思います。

金が底をつく心配はない。そもそも、誰も手持ちのドルを金に換えてくれなどと、不遜なことをアメリカに対していってくるゆとりはないだろう。二重人格通貨の背景には、この二重の自信があった。そのようにいうことが出来るでしょう。かくして、内なる管理通貨制と外向きの金本位制でいいとこ取り狙いのご都合主義は、二重構造の自信過剰に裏打ちされていたのです。

ただ、思えば、この自信過剰はいたって他力本願的な自信過剰ですよね。自信の背後には金がある。要は金の威を借る自信過剰だったわけです。こうしてみれば、この自信過剰は、なんのことはない。結局のところ、自信欠如の表れにほかならなかったわけです。本当に筋金入りの自信過剰屋なのであれば、何も金などを頼りにする必要はない。俺様は天下のドル様なり。そう豪語しておけば事足れりだったわけです。ところが、当時のアメリカには、そこまで本当の自信はなかったのです。ドルがドルであるということだけをもって、ドルの基軸性を天下に認めさせるところまでは、「パックス」国としての自らの実力に確信を持ち切れないのでした。そのような心理が、自信過剰と自信欠如の背中合わせ現象をもたらしたのです。

この背中合わせ現象があったがために、結局のところ、ドルは最後の対外的金本位通貨として、基軸通貨の地位につくこととなりました。その他の国々は、おしなべて国内的にも対外的にも管理通貨制を採るようになっていました。その意味で、ドルは基軸通貨の座についたその時点で、時代遅れ通貨と化していたといえるでしょう。遅れて来た基軸通貨。そのようにいえるかもしれません。

それでも、結局のところ、他の国々は唯一の金交換可能通貨の前にひれ伏さざるを得ませんでした。こうして生まれたブレトンウッズ体制の下では、ドルを軸とする固定為替相場体系の中に、国々の通貨が編成されることになりました。日本にとっては、1ドル＝360円時代の始まりを意味していました。ちなみに、日本の1ドル＝360円に対応する他の国々の対ドル固定レートは、1ドル＝4・2西ドイツマルク、1ドル＝3・5フランスフラン、1ポンド＝2・8ドルなどでした。英国ポンドのみ、表記方法が違うのが面白いですね。これは、かつての基軸通貨国に対する儀礼です。旧親分に対して敬意を表しているわけです。過ぎ行くパックス・ブリタニカに対して、若きパックス・アメリカーナがヒョイと帽子を上げたようなものですね。

さて、本項を締めくくるに当たって、一つ押さえておくべき注目ポイントがあります。それは、国際金本位制と、ドルを軸とする戦後の固定為替相場制度がどう違うかという点です。国際金本位制も、為替相場制度という観点からみれば固定為替相場制度です。金との関係で各国通貨の価値が基本的に固定されているのですから、そういうことになります。この体制とドルを太陽とする通貨的太陽系はどう違うでしょうか。

もうお解りですよね。そうです。既にさんざんみた通り、国際金本位制下では、金本位国通貨の価値は機械的な調節メカニズムによって自ずと金平価に収斂するカラクリになっています。これに対して、パックス・アメリカーナの通貨体制の下では、その他各国通貨の対ドル相場は、自ずとは予め定められた対ドル平価に収斂することはありません。日本が何もしなくても、1ドル＝360円が自ずと維持されるわけではなかったのです。例えば日本の景気が過熱して対外収支が赤字化すれば、市場では、1ドル＝360円を大きく下回って円安が進行する可能性が十分にありました。それを阻んで円安に歯止めをかけるためには、日本は盛り上がりすぎている景気の鎮静化を図らなければなりませんでした。本当はもう少し成長路線を邁進したい。いくらそう思っても、ブレトンウッズ体制の一角を形成することを誓約している以上、それは許されない。経済活動の走りすぎにブレーキをかけなければなりませんでした。

ここが国際金本位制との大きな違いです。国際金本位制は、自動調整メカニズムつきの固定為替相場制度だった。それに対して、ブレトンウッズ体制は管理された固定為替相場制度でした。各国通貨当局の裁量と努力によって固定平価を維持するシステムだったわけです。思えば、各国の国内通貨体制が管理通貨制度化していたのですから、これは当然の展開でした。こうしてみれば、この通貨体制の下では、基軸通貨国アメリカのみならず、他の国々も、やはり通貨に関する内外問題を抱え込んでいたわけです。内にあっては管理通貨制。対外的には対ドル固定為替相場制度。そして、そのドルは金との関係で対外的に固定平価を設定していた。その意味では、ブレトンウッズ体制もまた、擬似国際金本位制度だったということが出来ます。ただし、擬似物とほんま物では、やはり大きく違う。ほんま物は、自動的な内外均衡同時達成メカニズムを内包していた。だが、擬似物の下においては、内外均衡を保全する役割が人間たちの裁量と技量に託されることになった。こうして、通貨の世界は次第に金本位時代との本格的決別の時に接近していくのでした。

パックス・アメリカーナの隆盛と破綻

まずは「パックス・アメリカーナ」がうまく回っていた時代の状況をみましょう。基軸通貨国アメリカは、対内的には管理通貨制を採っています。これは、カネをどんどん刷って経済を拡大しようという経済成長の論理です。対外的には金本位制でした。

これは厳しく金に裏打ちされている限りにおいてドルの価値が保たれるという通貨節度の論理です。

このような体制を採っているアメリカから、「マーシャルプラン」などの援助システムや、工場を建てるといった投資を通じて、ドルがその他の国々に向けてどんどん供給されます。ドルをもらった国は、ドルを使って必要な資材を買ったりして、焼け跡から経済を立て直すために様々な事業を行いました。事業をどんどん行うと復興活動が活発化してきて成長は加速します。

まだ復興段階にあった国々の生産力には限界があるので、成長が加速するほど、アメリカから輸入しなければなりません。橋を架けたり道路を造ったりと、さらに一段と公共事業をやる時にも、どうしても必要な重機や資材はアメリカから輸入することになります。国々はアメリカからモノを買うので、ドルはアメリカへと還っていきます。アメリカが外に向かって供給したドルが、輸出代金という形で還流するのです。

アメリカはドルを供給すればするほど、世界にモノを買ってもらえるので成長が加速します。拡大再生産がどんどん進むわけです。多少、輸入が増えても赤字不均衡になることもありません。こうして内外均衡が同時達成されるわけです。拡大しながら対外均衡も大きく崩れないとなると、通貨の信認もますます高まります。ますますドル需要は高まるので、ドルの希少価値も担保されていきます。一事が万事、とてもうまくいっている状態です。米国が成長すればするほどドルを供給してもらってその他の国々も成長します。

ところが、ドルの供給を受けた国々が成長していくと、独自生産力が拡大していきます。焼け跡の頃には何もありませんから、全部アメリカから輸入しなければなりませんでしたが、アメリカからもらったお金で工場をたくさん作ると、鋼材も、機械も、国内の需要は独自の生産力で賄えるようになります。何もかもアメリカから輸入する必要はなくなってきます。すると、米国が世界に供給したドルが首尾よく米国に還流しなくなってしまいます。つまり米国の外にドルが滞留する形になってきます。

世界がアメリカからモノをあまり買わなくなると、米国の輸出立国型経済成長の論理は崩れます。そうすると、アメリカは輸出ではないところに成長の糧を求めなければなりません。そこで、国内では管理通貨制に基づいた通貨の供給に拍車がかかります。通貨供給を増やすことで、国内需要の拡大を促すという政策が展開されるようになってきました。今日の「量的緩和」に似ていますね。

国内でドルのバラマキをやれば、国内需要の高まりが次第に輸入増をもたらします。その結果、対外収支の均衡が崩れてきます。すると通貨の信認が低下してしまうため、通貨節度の論理からは経済に引き締め圧力がかかります。

パックス・アメリカーナがうまく回っている時には国内的な要請と対外的な要請に矛盾がなく、内外均衡が常に同時達成されていた。ところが、今度は国内的には経済の拡張が求められ、対外の視点からは引き締めが求められる状況になったのです。成長に基づいた完全雇用という国内的な均衡を優先するのか。それとも対外収支を均衡させ、通貨の価値を安定させるのか。ふらつくアメリカの姿をみるにつけ、ドルに対する世界の信認は低下し、皆がドルをあまり欲しがらなくなります。そもそも、国々は独自の生産力がついてアメリカからモノを買わなくなってきていますから、ただでさえドル余り状態です。その上、アメリカの経済運営まで失調しつつあるとなれば、ドルへの信認低下にはどんどん拍車がかかります。行き着く先がニクソン・ショックでした。歯車は逆回転し、基軸通貨ドルの終焉に向かっていったのです。

アメリカは「どうせ世界にはドルが必要だから、金の量をはるかに超えたレベルでドルを刷っていても、国々は絶対にドルを持ち続けるに違いない。金に換えてくれなんていわないはずだ」という希望的観測の下にどんどんドルを刷りました。前述の「自信過剰」問題です。一方で、アメリカの思惑に反して1950年代末というかなり早い時期に、ヨーロッパも日本も無制限にドルを貯め込まなくても国内で復興計画を進められるようになっていました。こうして「アメリカの金がなくなる前にドルは全部換えてしまおう」と各国から金交換請求が盛り上がる中で、アメリカが金とドルとの交換を停止するということになり、ニクソン・ショックが起こったのです。

通貨と金融の観点から厳密に考えた場合、「パックス・アメリカーナ」の終わりは1971年8月15日のニクソン・ショックの瞬間です。国内的な管理通貨制と対外的な金本位制のねじれを容認されずに、対外的にも管理通貨であることを強要された時が、パックス・アメリカーナの終焉だったのです。ずいぶんと昔に終わっていたというわけです。

ただそうはいっても、世界中にドルが散布されていますし、皆がドルで決済をしているという状態が一気に消えてなくなったわけではありません。代わりとなる決済通貨も早々には出てこない。かくして、とりあえずドルはその後も国際決済通貨としての役割を果たし続けた。そして、今日にいたるわけです。しかしながら、今のドルに国際基軸通貨としての実態はありません。単なる利便性のために使われる決済通貨です。通貨と金融の名探偵となりつつある皆様におかれては、この違いをしっかり意識して頂きたいと思います。

ケインズの誤算、トリフィンの卓見

ドル基軸通貨体制の終わりは意外と早く来たのですが、実はドル基軸通貨体制が始まるその前から、ある一国の通貨が基軸通貨の役割を果たすというあり方、そのものを問う議論は行われていました。

１９４５年にブレトンウッズ協定で、ドルを固定為替相場制度の軸としたＩＭＦ（国際通貨基金）体制が出来上がったわけですが、その過程では、イギリスとアメリカの間で、戦後の通貨秩序をめぐる大論争があったのです。

アメリカ案がドル基軸通貨構想だったのに対して、イギリス案は脱基軸通貨体制構想でした。アメリカ案の取りまとめに当たったのが、財務官僚のハリー・デクスター・ホワイトでした。迎え撃つイギリス側の知恵者は、かのケインズ先生。

イギリスとしては、アメリカに基軸通貨の役割が移るのは耐え難い思いが強く、ドル基軸通貨体制の擁立を阻もうとしてケインズを送り込んだわけです。ケインズがどの程度、イギリスの名誉のために働こうと思ったのかは解りませんが、経済学者として、従来型の基軸通貨体制に限界を感じていたことは間違いないでしょう。

ひょっとするとケインズは、アメリカに基軸通貨を担わせたら、また戦争になってしまうと懸念していたかもしれません。大英帝国が植民地を広げていったように、アメリカが基軸通貨国にふさわしい領土を手に入れなければならないと考える。そんなことも恐れていたのかもしれません。

そこでケインズが出したのが、「バンコール」(bancor)という決済通貨のアイデアです。つまり、バンコールには、銀行(bank)が作り出す金(仏語:or)、すなわち人為的に作り出されたカネのイメージが託されたのです。バンコールを発行する世界銀行を作って、世界的な信用創造のメカニズムを作ろうという提案でした。

それに対して、ホワイト案は基金方式でした。国々が拠出したカネ(つまりドル)で基金を作って、信用創造はせずに、運用益をもとに国際収支困難に陥った国を支援するというものです。結局は、これがIMF構想のベースになりました。

ちなみに、ケインズのバンコールに対して、ホワイトも新しい通貨を提案していました。それが「ユニタス」です。もっとも「ユニタス」は、金1オンス＝35ドルのドルと1対1のレートで交換可能だという想定でしたから要はドルと同じものです。何の意味もありません。バンコールへの対抗上、提案しただけで、ホワイト案のベースはあくまでもドル基軸通貨体制にありました。

ケインズがなぜドル基軸通貨体制に対して、脱基軸通貨を主張したのか。前述の通り、基軸通貨体制そのものに限界を感じたということがあります。それに加えて彼が恐れたのは、基軸通貨国となったアメリカがドルを十分に供給しないのではないかということでした。アメリカはドルが供給過剰になった末にアメリカ経済が攪乱されることを嫌がって十分にドルを供給しないのではないか。そのことで、戦後の世界経済は復興どころかドル不足で、またどんどんデフレに陥るのではないか。戦後間もないのに、世界は不況に突入していくのではないか。そうなれば、アメリカが妙な野望を抱かなくても、結局は再び戦争の影が忍び寄ってくるかもしれない。そんな心配も先生は抱いていました。

その時、ケインズは「アメリカは世界にミルクを供給する乳牛になるのはいやだといって、乳を搾らせまいとするだろう」という言い方をしました。「ドル基軸通貨体制になったら、不況になって、すぐに1930年代の繰り返しになってしまう」と言ったわけです。

ところが、それはケインズの大誤算でした。実際には、アメリカは「いくらでも乳牛になりましょう」とどんどんドルを刷って、実際に訪れたのは大インフレでした。それは世界にとっても大攪乱要因でした。米国の内外均衡が崩れる過程では、ドル余りで世界はインフレ化していったのです。

その意味で、さすがのケインズ大先生もパックス・アメリカーナの行く末について少々見誤りをしでかしたわけです。それに対して、大いなる卓見をもって基軸通貨ドルの苦悩を見極めたのが、経済学者のロバート・トリフィンでした。彼はベルギー生まれで、FRBやIMF、OECDなどの要職を務めエール大学でも教鞭をとりました。トリフィンが「基軸通貨国の流動性ジレンマ」を主張したのは1960年代のことです。それに先駆けて、1957～58年にドルの位置づけ変異を示唆する出来事がありました。欧州各国通貨と日本円の対ドル交換が解禁されたのです。

パックス・アメリカーナの通貨体制がうまく機能していた間、ドルは各国にとって貴重な支払い手段でした。そうそう簡単に民間企業がドルを入手して海外に持ち出すことを許すわけにはいかない。ですから、各国とも民間の請求に応じて自国通貨のドル交換に対応したり、ドルの自国通貨への転換に応じたりしてはいませんでした。ドルの出入りに関して厳しい外国為替規制を採っていたわけです。ドルに対する固定為替を維持するためにもこの対応が必要でした。しかしながら、パックス・アメリカーナの通貨的好循環に変調が生じ、各国にドルが滞留するようになると、欧州でも日本でも、従来ほど厳格にドルと自国通貨の交換を管理する必要がなくなりました。そこで次第に自国通貨の交換性管理を緩和していくことになったのです。

他の国々が大事に貯め込む必要がなくなった。それだけ、ドルは世界にとって希少性を失ったわけです。逆にいえば、供給が十分になった。つまり、流動性がしっかり確保されたわけです。流動性立てば希少性立たず。希少性立てば流動性立たず。そういうことです。流動性を取るか、希少性を取るのか。アメリカはいずれこのジレンマに耐えられなくなる。そうトリフィンは指摘したのです。

果たして、その通りです。このジレンマにアメリカが耐えられなくなった時、ニクソン・ショックが起こったのです。

大インフレ時代の到来

ニクソン・ショック後、グローバル時代が到来するまでは、世界はインフレとの戦いでした。アメリカがドルの希少性を維持することを放棄したからです。ケインズの心配は杞憂に終わり、トリフィンの卓見が現実となったわけです。大インフレが金融自由化を必然化し、金融がグローバル化する糸口も作られていきました。

戦前の世界はインフレというものをほとんど知りませんでした。金本位制だったからです。「キンの切れ目がカネの切れ目」であればインフレは起こりにくい。その代わり、常にデフレとは背中合わせです。ケインズはデフレと恐慌を繰り返す当時の世界に生きていた。だからこそ、デフレと決別出来るような通貨体制や経済政策を編み出そうと腐心したわけです。一方で、インフレについては、少なくとも若かりし頃にはあまり体感的な脅威の念がなかったかもしれません。もちろん、当時でもバブルは起こっていましたからインフレも体験してはいたわけです。ですが、インフレによって経済活動が麻痺するという事態はあまり想定していなかったかもしれません。

デフレとインフレのどちらを怖がるのかは時代によって変わります。日本では近年「デフレスパイラル」という言葉も定着するようになりましたが、１９７０年代には、もっぱら「インフレスパイラル」が、怖がられていたのです。

インフレが進むごとに金利が上がり、物価が上がれば賃金もスライドして上がっていきました。賃金が上がれば、物価も押し上げられて上がります。でも、極端に物価が上がっているという実感はありませんでした。賃金も上がっているからです。春闘賃上げ率が20％という時もありました。そのため人々はどんどん金持ちになっていくようにみえましたが、これはあくまでも貨幣的な幻想です。賃金がいくら上昇しても、物価も同じペースで上がっていけば、人々の購買力は変わりません。

要は、どんどん通貨価値が下がっていくという非常に不安定な状況だったのです。「物価と賃金の下方硬直性がインフレ脱却を阻んでいる」ということも盛んにいわれました。つまり物価も賃金も下がることに対する抵抗力が極めて大きいと考えられていたのです。下がる方向には、テコでも動かないというわけです。これに対してデフレ下の日本では、物価も賃金も無限に「下方柔軟」になりましたよね。確かに痛みはデフレの方が大きいかもしれません。いずれにせよインフレスパイラルを恐れていた時代には考えられない事態でした。

整理しましょう。パックス・アメリカーナの終焉とともに、大インフレの時代が押し寄せてきた。アメリカが国内外ともに管理通貨制度になることで、ドルの価値が低下したからです。世の中が大インフレになったことは思わぬ波紋効果をもたらしました。石油ショックです。物価がそれほど上がらない時には、石油価格が上がらなくても中東の産油国は大手石油企業であるメジャーの言いなりにおとなしく原油を低価格で供給していました。しかしながら、インフレで世界中の物価が15～20％上がっている時に原油価格が上がらないとなればそうはいきません。ＯＰＥＣ（石油輸出国機構）が買い取り価格の４倍アップを主張したところで１９７３年に石油ショックが起きました。

石油ショックは、中東戦争の余波の側面が多分にあります。当時のインフレ経済化が原油価格の４倍化要求を後押ししたことは間違いありません。その意味で、石油ショックのトリガーはニクソン・ショックによって引かれたといってもよいでしょう。

インフレがなかったら、石油ショックもなく、石油ショックがもたらした世界同時不況もありませんでした。世界同時不況はやがてレーガノミクスを生み出し、グローバル時代の幕開けへとつながっていくのです。

第二章
歴史を知ると今が解る②
ユーロがユーロでなかった頃

1 「EMS（欧州通貨制度）」を知るとユーロが解る

本章では欧州に目を転じます。欧州単一通貨ユーロは、何かにつけてグローバル世間を騒がせます。そのようなユーロの「今」を歴史の中から読み取っていきましょう。EMS（European Monetary System：欧州通貨制度）とは、統一通貨ユーロを導入する以前に、統合欧州が採用していた固定為替相場制度です。1979年からユーロを導入する手前の1999年まで維持されていました。欧州通貨制度を振り返ることは、今のユーロについて考える時に大きなヒントとなります。

アメリカの勝手で大迷惑

欧州通貨制度とは何を目的として作られたシステムだったのでしょうか。

当時、ヨーロッパにおいては大きな議論がなされていました。テーマは「国々の統合は経済が先か、通貨が先か」。当時の統合欧州は、今のＥＵ（欧州連合）ではなくて、ＥＣ（欧州共同体）と呼ばれていました。ＥＣの域外に対しては共通の関税の障壁を設定した上で、域内では国境を越える取引の自由化を進めていました。域内では互いにボーダーレスに取引が出来、外へは関税というバリアがあるという状態です。そこから先の統合をどのように進めていくかで意見が分かれていました。

一つは、経済の一体化をさらに進めていこうという意見です。域内の経済格差解消を目指して、財政政策や金融政策上の協調を強化する。協調を通じて経済的一体化を進めようという考え方です。

もう一つは、一気に通貨を統合してしまえという意見です。政策協調を通じて経済実態を収斂させるなんてまどろっこしいことをしていてもラチが明かない。誰も協調しないだろうし、さしたる成果は挙がらない。一つの通貨を共有するとなれば、自ずと経済実態は収斂していくに違いないというものです。それに対して、「そんなことをしたらめちゃくちゃになってしまうから、経済実態が収斂するのを辛抱して待っているべきだ」という反論が上がる――というように、経済統合先行派と通貨統合先行派が侃々諤々《かんかんがくがく》の大論争をやっていました。

議論は果てしなく平行線を辿っていたのですが、そうこうするうちにアメリカで金とドルとの交換を停止するニクソン・ショックが起こってしまった。アメリカは1970年代を通じて大インフレ国となりました。前述の通りニクソン・ショックにより、ドルは基軸通貨ではなくりました。流動性と希少性のバランスを取るという基軸通貨国としての責務から解放されたのをいいことに、アメリカはドルを刷りまくってやりたい放題です。その結果、ドル相場が激しく変動し、ドル安が欧州通貨に対しても攪乱要因を及ぼしていました。

加えて、アメリカの金利政策によってヨーロッパが振り回されるという事態になっていました。アメリカから逃げた資本がどんどんヨーロッパになだれ込んでしまうので、それを阻もうとしてアメリカが金利を上げると、今度はものすごい勢いでヨーロッパからアメリカに向かって資本が逆流していったのです。

このような風圧から欧州経済を守らなければいけない。その発想に基づいて考案されたのが、共同変動相場制という仕組みでした。

これが、やってみたらうまくいくことが解った。そこで「経済が先か、通貨が先か」という論議はさておき、この方式をベースに、より精緻で、より強い結束力につながる新たな固定為替相場制度を作ってはどうかという話が盛り上がりました。それが一気にＥＭＳへと発展していったのです。

このように、欧州通貨制度は、アメリカの無責任なドル政策から我が身を守ろうとするヨーロッパのあがきの中から出てきたといえます。状況に反応する中で、成り行き的に生まれました。

国々の同床異夢

統合欧州の国々は、欧州通貨制度の出現によって、「経済が先か、通貨が先か」という神学論争から解放されました。統合の求心力を取り戻すためにも、ＥＭＳは都合のいいものでした。

１９７０年代の統合欧州は、神学論争の傍らで非常に求心力が低下している状態でした。ＥＣ（欧州共同体）の参加国にしてみれば、統合欧州の一員になったことで、いっこうに経済状態がよくならなかったのです。戦後間もない頃、関税同盟を目指していた時には、大いに成長効果がありました。戦後の復興需要がありましたから、これは当たり前です。しかしながら、1970年代ともなれば、そのような状況ではない。不況下の物価高がバリアフリー化の進むEC域内に広がり、お互いに足を引っ張り合う関係に陥ることになりました。

それなのに、統合体の一員であるがゆえに、いろいろ政策運営に注文が付けられます。農業予算にカネを出さなければなりません。参加国の不満が高まり、統合を推進していた人々も「このままでは欧州統合は前に進めないどころか、空中分解の可能性もあるかもしれない」と懸念していました。欧州統合に対して非常に悲観的な思いが広がり、「ユーロ・ペシミズムの時代」といわれていたものです。

その中でもう一度、統合推進のエネルギーを喚起し、人々の思いを結集するために、欧州通貨制度構想は非常にいい道具でした。また、アメリカ・バッシングの題材としても利用価値のあるものでした。「このプログラムに参加することによって、アメリカのけしからん通貨政策からヨーロッパを守るのである」というストーリーラインを打ち出したわけです。

国々は欧州通貨制度の行き着く先について様々な思惑を持っていました。

人によっては、欧州通貨制度を安定させていけば、その先には通貨統合が自ずとみえてくると考えている人もいましたし、このまま固定為替相場制でいくことが望ましいと考えている人もいました。それをあからさまに出すと前に進めなくなってしまいますから、「とりあえずやってみましょう。成り行きがどうなるかみるしかないですね」といって進んでいきました。早い話が、欧州通貨制度をやっていれば通貨統合にいたるだろうと期待した人たちと、欧州通貨制度さえやっていれば通貨統合しないで済むだろうと思っていた人たちとの両派があったわけです。

イギリスは明らかに、欧州通貨制度でいくなら通貨統合を免れると思っていたでしょう。この先に通貨統合があると思っていたのは、欧州通貨制度を提唱した当時の独仏枢軸でした。西ドイツのシュミット首相とフランスのジスカール・デスタン大統領の二人は、欧州通貨制度を踏み台にしてさらに統合を深めていくことを展望していました。彼らの目指すところは、全てを一体化した、超国家的な連合体としての一つの欧州でした。

ところで、そもそも、統合欧州の構想が戦後間もない頃に出てきた時、最初に出てきたのは欧州防衛共同体構想でした。再び独仏が相まみえてヨーロッパが火の海となる事態を避けるためには、軍事面で一つの傘の下に独仏を入れてしまうのが一番いいだろうというわけです。けれども、昨日までナチスドイツに虐げられていたのに、さすがに防衛共同体は受け入れられないと多くの国々が抵抗した。結局、その話は流れてしまいました。防衛に代わる統合のテーマとして白羽の矢が立ったのが経済だったのです。

その意味で、欧州統合はそもそも経済的果実というよりは政治的な安定と恒久平和を主眼に置いた構想でした。政治統合を強く希求する人々にとっては、手っ取り早く統合深化に至ると思われる通貨統合を先行させたいというモチベーションが強かった。そこには関心が薄く、純然たる経済的メリット追求型のイギリスなどは経済的な成り行きに万事をゆだねたい。対照的な動機を持つ双方にとって、欧州通貨制度は格好の同床異夢の寝床となったのです。もっとも、次にみる通り、結局、イギリスはＥＭＳの核心部分にはなかなか参加しませんでしたから、やはり異夢はあくまでも異夢だったわけです。

想定外の形での成功

発足後の欧州通貨制度はどのような道筋を辿ったのでしょうか。

欧州通貨制度の下で導入されたＥＲＭ（Exchange Rate Mechanism：欧州為替レートメカニズム）は二重の縛りのある固定為替相場制です。各国はＥＣＵ（European Currency

Unit：欧州通貨単位）という合成通貨に対する中心レートを守ると同時に、ほかのERM参加国全てに対して、個別に決められている中心レートを守るという厳しい制約を課していました。そのため、最初のうちは各国ともERMのルールを守ることに非常に苦労しました。

ERMでは、各国の通貨についてECUとの関係でも他通貨との関係でも中心レートと上限レート、下限レートの三つが定められています。上限あるいは下限レートに達すると、各国は売りまたは買いの為替介入をすることによって、相場を中心レートまで戻さなければなりません。それを、他の全ての国の通貨との間で行わなければならないのです。各国の通貨を相互関係の中で配列したパリティグリッドという表をもとに、日々、為替レートの上下に神経をとがらせていなければなりませんでした。

このメカニズムの中では、どこかの国の通貨との関係だけをうまくやろうとすれば、別の国の通貨との関係はめちゃめちゃになってしまいます。各国経済間の実態的な乖離が大きくて、為替相場も乖離しやすい状況にあれば、ERMの枠内に自国通貨の価値を収めることは至難の業です。ですから、最初のうちは各国とも中心レートを何度も改定しなければなりませんでした。ですが、次第にERM各国はお互いに通貨関係を安定させるためのコツが解ってきました。このメカニズムを安定させていくためのコツとは、その他の通貨が西ドイツマルクとの関係を安定させることだったのです。西ドイツマルクとの関係を安定的に維持することに皆が神経を集中すれば、結局、西ドイツ以外の国々同士の関係が安定することにもつながる。そのことに関する学習効果が上がる中で、ERMは次第に無風状態に近づいていきました。西ドイツマルク追随政策が功を奏したのです。

西ドイツマルク追随政策とはどういうことでしょう。それはつまり、西ドイツが追求している経済の状態、すなわち低いインフレ率やそのための金利政策に各国が足並みをそろえるということです。そうしていれば、お互い、360度ありとあらゆる国との間で中心レートの維持に気配りしなくてもうまくいきます。日常的にも面倒でないという利便性の面もあって、次第に運用上は西ドイツマルク追随型の為替政策を各国とも採るようになりました。いわば、事実上の西ドイツマルク基軸型の通貨体制です。そうなるほど安定していくので、やがて1980年代半ばから、欧州通貨制度の黄金時代に入っていきました。西ドイツをお手本にしているので物価も安定し、各国の経済運営がうまくいくようになったのです。今、ユーロ圏において債務問題に苦しんでいるギリシャやイタリアでさえ、あの当時は経済実態が比較的いい方向に向かっていました。

欧州通貨制度は非常に安定的なシステムとして80年代後半においては機能しました。通貨安定は極めて高いレベルで達成され、経済実態の収斂度も高まっていく。事実上の西ドイツマルク本位制になったことが最大の成功要因でした。そんな風になるとは、欧州通貨制度を設計した人々はおそらく思ってなかったでしょう。やってみて初めて、そういう姿になっていったのです。

もっとも、西ドイツの経済政策は何はともあれ通貨価値の安定に重きを置いていましたから、マルク追随政策が、ＥＲＭの安定につながったこと自体は当然の成り行きでした。

西ドイツにとって通貨価値の安定は常に最重要課題でした。それは、第一次世界大戦後にワイマール共和国が倒れてナチスの第三帝国が出現したのは、あの時のハイパーインフレが原因だと肝に銘じているからです。特に、中央銀行であるブンデスバンクで仕事をする人たちはそう叩き込まれていましたから、国民の生活と社会の安定のために、独裁と圧政の世界に再び入っていかないために、インフレを阻まなければならないという非常に強い覚悟を持っていました。通貨として価値の高いマルクは西ドイツにとって死守すべきものでした。通貨価値が下がることは、ワイマール共和国の悲劇と結びついて認識されてきたのです。

輸出競争力も強いマルクを前提に考えるので、品質で勝負するモノづくりの考え方があります。通貨高の競争力減退効果を恐れるより、むしろ自分たちの力ではどうにもならない力学で通貨価値が下がり、不本意な経済運営を強いられることへの恐怖感の方が強かったのです。戦後、輸出立国に向かった日本とは、多くのところで似ていますが、為替レートに関する考え方は180度違っていました。

統一ドイツの出現、そして通貨の転落

このようなことで、欧州通貨制度は少なくとも1980年代を通じてなかなかうまくいくようになっていたのです。ところが、90年代に入ると、それ以前とは全く別物のような状況が現出することになりました。国々の間で為替レートを維持していくことが難しくなり、ぎくしゃくするようになってしまいました。

この展開をもたらしたのは、89年におけるベルリンの壁の崩壊でした。その結果、90

年に統一ドイツが出現したことは周知の通りです。そして、ここを境に、ＥＭＳという枠組みは乱れに乱れることになりました。なぜなら、それまで欧州為替レートメカニズムの〝基軸通貨〟であった西ドイツマルクがなくなり、統一ドイツマルクがそれに代わってしまったからです。同じマルクという通貨ですが、かつての西ドイツマルクと統一ドイツマルクは似ても似つかぬものでした。

統一ドイツは、一方において西ドイツがあるけれど、一方で生産性がとても低くて経済メカニズムがまともに働かない東ドイツを抱え込むことになった。統一前に、東ドイツのオストマルクと西ドイツのドイチェマルクとの間には10対1、あるいは15対1ぐらいの購買力格差がありました。それにもかかわらず、政治判断で1対1の交換比率で二つのマルクを一つのマルクに統合してしまったのです。これによって、東のオストマルク側の人々の購買力はものすごく上がりました。ところが、それに見合う生産性がありません。それでは、誰も東ドイツ人を雇わない。そこで、西ドイツ側から東ドイツ側に向かって雇用対策のための巨額の財政支援が行われ、公共事業も手当てされることになりました。その結果、統一ドイツは「統一バブル」にわくことになりました。

ドイツにとってインフレは何より忌避すべきものです。これはいけないと猛烈な金融引き締めに出た結果、金利をぐっと上げる。すると、ERM内の位置づけを守るためには、ほかの国も金利を上げなければなりません。金利格差が開くと、自国通貨の相場が下がってしまうからです。ドイツが金利を上げれば、自分の国の経済実態を無視して金利を上げるという状態になっていきました。

意地っ張りなフランス、ご都合主義のイギリス

統一ドイツがどんどん金利を上げていた頃、折しもフランスは不況のさなかでした。国内雇用の安定という面ではERM（欧州為替レートメカニズム）の中に入っていることはマイナスだったわけです。にもかかわらずフランスはマルク追随政策を固持するスタンスを採りました。これを彼らは「強いフラン政策」と称しました。ドイツマルクに対して決して切り下がらないフランスフランを堅持するという意味です。仲の良さと意地の張り合いが常に背中合わせ。それが独仏関係の妙味です。このバランスが崩れないようにするために、どこまでお互いにガマンと気配りとしたたかさを発揮出来るか。独仏枢軸にはそれが常に問われて今日に至っています。ERMの動揺の中でも、この何とも

微妙な関係が事態の成り行きを節目節目で規定していました。

一方、統一ドイツの利上げについていけず、欧州通貨制度からはじき出されたのがイギリスです。

イギリスは欧州通貨制度が発足してから永らく、ＥＲＭには参加していませんでした。イギリスはＥＣ（欧州共同体）そのものにも、１９６１年に参加したいと手を挙げる決意をしながら、実際に参加するまで10年かかりました。アメリカに「米英の特別な関係に配慮して、ＥＣには入らずにいようと思うけれど、どうでしょう」とお伺いを立て、アメリカに「いや、中に潜り込んで敵情を視察して下さい」といわれて、入ることにしたという面もありました。こうした米英関係の構図を当時、統合欧州の中心人物だったフランスのシャルル・ド・ゴール大統領が見抜いていました。そして、「イギリスはアメリカがよこしたトロイの木馬だから入れてはダメだ」といったのです。イギリスの加盟が認められたのは、１９７０年にド・ゴールが死去した翌年でした。

こんなところから出発した統合欧州内のイギリスの位置づけですから、そこには常に「付かず離れず、されどやっぱり付かず」というべき関係が支配してきました。ＥＭＳには入るが、ＥＲＭには参加しないという当時のイギリスのスタンスにも、この関係が影響していたといえるでしょう。

そんなご都合主義のイギリスも、ＥＲＭが80年代後半に事実上のドイツマルク本位制となり、安定的に機能する状況になると、「これは入ってみてもいいかもしれない」という感じになりました。実をいえば、イギリスはＥＲＭに入る前から、事実上、ドイツマルク追随型の通貨政策を採っていたのです。ＥＲＭ加盟でそのことを公式に認知することになったわけです。

ところが遅ればせながら１９９０年に参加するや否や、欧州為替レートメカニズムの状態は前述の通り、それまでと打って変わってガタガタになっていきました。統一ドイツが出現し、ドイツマルクはそれまでとは全く違う通貨になってしまいました。イギリスは最悪のタイミングでＥＲＭに入ってしまったのです。こんなことなら、従来通り、部員にはならず金網の外で部活と同じことをやっているというお気楽方式を維持していれば良かった。なんとも間の悪いことでした。こんなドジさもイギリスという国の面白いところです。

結局、イギリスは2年ほどで欧州為替レートメカニズムを出ていかざるを得ない状態になりました。ＥＲＭ内にとどまっていれば、ドイツマルクに対して、イギリスポンドを一定の固定的なレートで結びつけておかなくてはなりませんから、ドイツが金利を上げれば、イギリスも金利を上げなければなりません。イギリスの国内経済的に金利を上げることが出来ない状態であっても、ドイツマルクとの固定為替関係を維持しようとすれば、国内経済を無視して金利を上げざるを得ないわけです。どんどん国内の不況が悪化して大きく金利を下げていくべき時に、大きく金利を上げ続けなくてはいけないという状況に陥ったのです。これは絶対に維持不能になるとみてポンドを売り叩いたのがヘッジファンドを率いるジョージ・ソロスでした。その投機圧力に勝てずに、ポンドはERMから出ていきました。

飛び出してみると、外の世界はなんと楽だったか。ポンド相場はどんどん下がりますから、輸出競争力は回復しますし、金利も思うままに下げられます。ERMから出た後、イギリスは、なんと11年にわたる景気拡大に向かってひた走ることになったのです。

2 固定為替相場制度が解ると単一通貨制度が解る

固定為替相場は〝基軸通貨〟次第

以上、みてきた通り、ＥＲＭ（欧州為替レートメカニズム）は、統一ドイツの出現を機に全くそれまでと違う動き方をする仕組みとなり、そこから転落が始まりました。ドイツ統一以降、擬似ドイツマルク本位制から本来の多角的固定為替相場制に戻すことを多少無理しながらでもやっていれば、新しい世界が始まっていたかもしれません。しかしそういう方向には向かわず、そのうちに単一通貨構想が動き出し、ユーロ導入へと進むことになったのです。

ＥＲＭという仕組みは、固定為替相場制度がどのような功罪を持っているのか、単一通貨とはどのように違うのかということを我々によく示してくれます。この違いを理解することが、ユーロという単一通貨の功罪についても大いに考えるヒントとなります。

固定為替相場制度の成否は、そのシステムにおいて基軸となる通貨の強さや安定度、その国の経済的な力やパフォーマンスというものにかかっていると言って間違いないでしょう。ブレトンウッズ体制のドルを中心とした為替相場体制が辿った顛末をみてもそれははっきりしています。アメリカにドルの金平価交換義務を維持するだけの力量がなくなった時から、ドルを軸とした固定為替相場制度は崩壊の道を辿りました。

それと全く同じことがＥＲＭにも起こったわけです。非常に精緻に構築されたシステムではありましたが、それはシステムの精緻さというよりは、その中で基軸的な位置づけにあった西ドイツマルクの安定のおかげで非常にうまく機能する固定為替相場制度となっていたのです。その西ドイツマルクが統一ドイツマルクに飲み込まれてしまったところから、途端に転落が始まりました。ブレトンウッズ体制と全く同じ展開で、結局のところは崩壊に至ったわけです。

固定為替相場制度は、軸となる通貨がそれだけの力量のある通貨である限り、うまくいきます。基軸でない通貨諸国は、自国の通貨に基軸通貨と同じ動きをさせるために、それを可能にするような通貨政策や金融政策、財政政策を採らなければなりませんが、その結果、国々の経済実態は収斂していきます。つまり、経済パフォーマンスの悪い国に、徹底的にパフォーマンスを上げることを強制する力が働くわけです。だからこそ、ERMが絶好調だった頃には、ギリシャやイタリアのインフレ率でさえ、完全に西ドイツと横並びにはならなかったものの、従来に比べて相当に低下しました。

出来の悪い国を鍛える

面白い事例はオランダです。

1980年代半ばぐらいまで、オランダは超高インフレ国で対外収支は大赤字、財政収支も大赤字という収拾のつかない経済状態を呈していました。失業率はそれほど高くありませんでしたが、インフレ率が極端に高く、その中でどんどん賃上げするので競争力がなくモノは売れず、対外収支は慢性的に赤字になるという情けない状態が続いたのです。この状態を立て直すために、オランダはついに大改革に踏み切りました。その一環として導入されたのがワークシェアリングで、これに日本で大いに注目が集まったことはご存じの通りです。

この改革の勘所は「強いギルダー政策」でした。ギルダーはユーロ導入前のオランダの通貨です。強いというのは、西ドイツマルクに対して強いということでした。西ドイツマルクに対して、ＥＲＭ平価の切り下げが必要となる事態を絶対に招かないということを、経済運営の全ての側面の大前提に置いたのです。ギルダーの強さを保つためには、国際収支が赤字ではダメだし、赤字を回避しようと思ったら、生産性を上げなければならない。高い賃金要求に応じていてはいけないし、物価は抑制しなければならない。緊縮財政を敷くので、従来のように財政出動で経済を底上げすることは出来ない。それは我慢してもらって、その代わり、生産性を上げるためには補助金を出す。するとみるみるうちに成果が挙がりました。

「ヨーロッパの重病人」であるといわれ続けていたオランダは、１９８０年代後半には「ヨーロッパの奇跡」といわれるほどに立ち直りました。最大の要因は、ＥＲＭの中で西ドイツマルクに対して弱くなることを絶対に避けることに照準を合わせ、全ての政策を運営したことです。その結果として、物価は安定し、対外収支も均衡し財政も立ち直ってきました。そのためには様々な犠牲を払わなければならなかったのですが、皆が我慢し、非常に良好な経済実態の回復に奏功したのです。

このように、固定相場制度には、基軸通貨国以外の国々に、非常に節度ある経済運営を強要するという効果があるのです。それは痛みを強要しますが、筋肉質な経済を作るための、いってみれば厳しいトレーニングであって、結果的にパフォーマンスは上がります。ただし、それは基軸通貨国の経済自体が健全である限りにおいていえることです。軸になる国の健全性が損なわれると、よれよれになった経済の変動と政策対応に他の国も振り回されることになる。そうなった時点で、基軸通貨型の固定為替相場制度は一巻の終わりです。

タダ乗りを許す単一通貨ユーロ

一方、経済パフォーマンスが悪い国が、それを正すことなくタダ乗り出来るのが単一通貨制度の特徴であり、大問題でもあります。最終的にはギリシャのようにタダ乗りのツケが回ってきます。でも、そのツケはギリシャだけが負うのではなく、皆が負わなければならないという厄介さがあります。単一通貨制度は、固定度の強い固定為替相場制度ではありません。全くの別物です。

固定為替相場制度と、単一通貨との違いを、国債利回りの推移でみてみましょう（図

図2　固定相場と単一通貨は似ているようで大いに違う

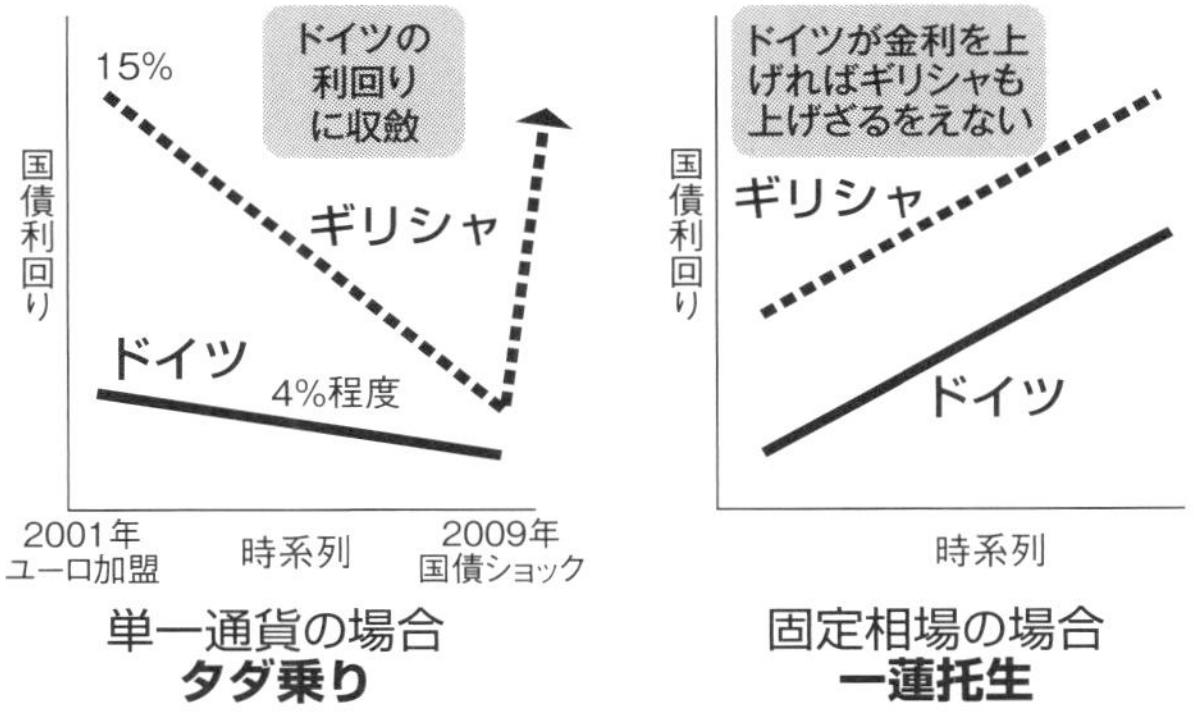

（出所）著者作成

2）。

グラフは、時系列に沿って、ドイツとギリシャの10年物国債利回りがどう推移したかを示しています。ユーロ圏加盟当初のギリシャ国債の利回りは15％程度でドイツのそれをはるかに上回っていました。それが、加盟後、トントン拍子でドイツの国債利回りへと収斂していったのです。ギリシャがドラクマという通貨で借金をしている時には15％の金利を払わなければ誰もカネを貸してくれませんでしたが、ドイツと同じユーロという通貨ならば、どんどん借り入れ条件がよくなったのです。こうした強いドイツの七光りに加えて「ギリシャが借金を返せなくなっても皆できっと助けるに違いない」という論理も働いて、急速に資金調達コストが低下するというタダ乗り効果が発揮されたのです。

それに対して固定為替相場制度では、ドイツが金利を上げれば、ギリシャも金利を上げざるを得ません。固定為替相場制度というのは基軸通貨ではない国に対して、非常に強い強制的な調整の負担をかける制度です。非常に厳しい拘束衣を着せられますが、その結果として経済体質改善効果が出るわけです。

単一通貨とはそのような節度がなくなってしまう制度です。しかしながらタダ乗り効果に調子に乗って悪のりしていくと、最終的には今のギリシャのような顚末を辿る。結局、タダより高いものはないというしっぺ返しが待っているわけです。タダ乗り効果を享受している間、何も考えていないと、突如として悲惨な状態に陥るわけです。

本来は金利格差が大きい国同士では単一通貨を導入してはいけないのです。導入するのなら、単一通貨のグラフの最終地点の辺りまで金利格差が解消するような経済実態の収斂が進んだところでやらなければ、欧州で国債危機が起きたように、必ず問題が表面化します。そういう意味で、単一通貨制度と固定為替相場制度というのは経済効果が180度違います。似て大いに非なるものなのです。

ユーロ圏に単一通貨は成り立つか

単一通貨圏が成り立つためにはどのような条件が整っていなければならないのでしょうか。条件は二つあります。どちらかが成り立っていればいいのです。

第一の条件は、その通貨圏において、経済実態の収斂度が完璧であることです。言い換えれば、経済格差は一切ない。どこに行っても物価水準は同じ。賃金水準も同じ。失業率も完全に同じ。これらが横並びであるために、金利水準も完璧に同じ。このような状態になった時、その経済圏は自ずと単一通貨圏になると考えてもいいでしょう。

物価水準が同じで賃金が同じということは、購買力がどこに行っても同じということです。とすると、そのエリアで多数の通貨が成り立っていることに意味がありません。A地域とB地域の通貨が完全に1対1の関係であれば、一つの通貨にしてしまっても何の問題もありません。ですから、経済実態の収斂度が完璧なエリアには、自ずと単一通貨が出来ると考えられるわけです。これが第一条件です。

経済実態の収斂が完璧でないにもかかわらず、どうしても単一通貨圏を作りたい時にはどうするか。人為的に経済格差を埋めるために仕組みを用意するのです。これが第二の条件です。金持ちエリアから貧乏エリアに対して所得を移転する中央所得再分配装置です。補助金を出したり、建設事業を行ったりして、金持ちエリアを抑えて、貧乏な地域の経済を持ち上げます。このような仕組みを用意しておけば、経済格差があるエリアにおいても単一通貨を導入することは可能です。

ところが、今のユーロ圏には、二つの条件のどちらも存在していません。ドイツとギリシャの間には大きな格差があります。それにもかかわらず、両者の格差を所得移転で埋めるためのユーロ圏共通のメカニズムは存在しません。そのようなメカニズムを作ることに対しては、ドイツがずっと抵抗し続けてきました。こうしてみれば、そもそもユーロ圏というのは単一通貨圏にはなってはいけない状態だったのです。条件が整っていないにもかかわらず、単一通貨圏を作ってしまったのですから、崩壊にいたるのは当然のことでしょう。

中央所得移転装置というのは、言い換えれば統一財政です。ユーロ圏として一つの財政を持ち、その財政を通じて所得移転を行えば、格差をならすことが出来、ユーロ圏は維持可能になっていきます。しかしながら、財政統合に向かう合意の目途は立ちません。

そのおかげで、結局は欧州中央銀行（ＥＣＢ）が量的緩和の名目の下で国債購入を進めることになりました。金融政策による財政政策の肩代わりですね。このようなことがあってはならない。だが、それしか道はない。ユーロ圏の行き詰まりぶりが、次第にあらわになっています。

そもそも、なぜ条件が整っていないのにユーロが導入されたのでしょうか。それはユーロという通貨は、経済合理性に基づき、経済的な目的のために作られた通貨ではないからです。最大の目的は何だったか。後押ししたのは、ベルリンの壁の崩壊です。そして東西ドイツが統一されました。この統一ドイツが東欧に向かってどんどん勢力範囲を広げ、西欧には背を向けて大ドイツ共栄圏を作ってしまうのではないか――。フランスをはじめとする各国は恐れました。そのようなドイツの通貨マルクが、欧州の事実上の基軸通貨となっては大変だと危惧しました。それを防ぐために、ユーロという器の中にドイツマルクを引きずり込んで、ドイツを封じ込めなければいけない。その思いがユーロの導入を後押ししたのです。もはや、単一通貨の経済合理性など議論している場合ではありません。

経済的な目的ではなく、政治・安全保障上の思惑に基づいて敢行されてしまった通貨統合ですから、うまくいかないのは当たり前でした。政治的な目的のために経済的な手段を使った場合にどういうことになるか。その典型的な事例として挙げることが出来るでしょう。

今の状況は、ドイツを封じ込めるためにユーロを作ったのにもかかわらず、ユーロが存在しているからドイツが突出しているという状況です。そしてユーロがあるために、各国がドイツに寄りかかっています。一番陥りたくなかった状態になってしまっているわけです。皮肉なものです。

ポスト・ユーロの設計は

単一通貨であるユーロの顚末をみると、固定為替相場制度は使い方次第で利便性があるといえます。為替関係を安定させ、国々に節度ある経済運営を強要する効果を持っています。ERM的なやり方についていえば、全ての参加国との間で多角的に固定レートを維持しなければならないという運用面も、IT技術が格段に発達した今の世の中ではもう少し楽かもしれません。今こそ可能性があるようにも思います。

その意味で、ポスト・ユーロの欧州通貨関係をＥＲＭの変形バージョンとして設計することはあり得そうに思います。ただ、その場合の大きな問題は、ＥＲＭが最も機能していた時の西ドイツマルクに相当する核となるものを見出すことが出来ないということです。なおかつ、当時の欧州為替レートメカニズム参加国より、ユーロ加盟国は数が多く格差も大きいですから、全く同じ方法では無理かもしれません。設計がポイントになってくるでしょう。はたまた、ユーロ圏の国々を何段階かに分けて、その中で固定為替レートを維持したり為替レートを連動させたりする複数リーグ制とし、リーグ間は行き来可能にする。そんな多リーグ制のユーロ圏というのも、それなりに合理的な解決法だと思います。降格を避けることが経済運営の節度を保つインセンティブになれば、安定化にもつながるでしょう。

そもそもＥＲＭ、そしてユーロ圏の制度設計では、加盟国の間に格差をつけないことを大前提にしていたために話が厄介になったところもあります。独仏とベネルクス三国あたりなら、経済実態はそれなりに収斂している。28カ国の多様性の巨大なる固まりであるＥＵにその場合と同じような構造を押し付けようとすれば、問題が出てくるのは当然です。

統合欧州はどこへゆく

統合欧州、そして単一通貨ユーロで欧州が何を目指しているのか。それは、国民国家体制へのアンチテーゼとなる存在ではなく、むしろ巨大な国民国家でしょう。分散型のまとまりを目指すのならば、ある意味では国民国家へのアンチテーゼですが、一つの財政、一つの通貨、一つの金融政策、一つの中央銀行、一つの行政とどんどん一つにしていく方法は、国民国家的な枠組みの中に全てを押し込めていくという発想です。だから無理があるのです。

「お仕着せワンサイズ」ではなく、分散型でスペインはスペインらしく、ギリシャはギリシャらしく、ドイツはドイツらしく経済を運営しながら連帯していく方がうまくいくでしょう。欧州統合に対して、各国の独自性の喪失というのは、ずっと人々が抱いている不満であり、抵抗感でした。ＥＲＭ全盛期もそうでしたが、経済がうまくいっている時には不満も抑え込まれます。でも、経済実態が悪くなって、デフレに失業と傷んでくると、「欧州統合は独自性を奪う」という苦情がどっと表に出てきます。

統合の推進者たちは「ＥＵはいかなる経済的な大激震にも連帯すれば耐えられる。そこに統合の強みがある」といっていました。ところが、何も問題がない時にはお互いにいい顔をしていますが、少しおかしくなってくると「お前が足手まといだ」と非難するのです。

リーマン・ショックの時にそうだったように、そして欧州債務危機に際してそうであるように、一番連帯しなければならない時が、一番誰も助け合おうとしない時だということがはっきりとみえてきてしまいました。それはある意味で人間の感性ではありますが、それが解ってきたことが欧州統合の大きな問題であるといえるでしょう。

第三章

元祖「○○ノミクス」その通貨的意味を考える

冒頭で申し上げました通り、本章までが通貨に焦点を当てるパートです。第一章でキンとカネの関係の歴史をみました。第二章では、ユーロ誕生前夜における欧州の通貨状況に着目しました。そうすることによって、ユーロの意味と限界を見極めようとしたのでした。

本第三章では、21世紀が近づく中での通貨的転換期に着目したいと思います。この時期の入り口の時点で、いわゆる「レーガノミクス」が一世を風靡する状況となりました。ご記憶がよみがえる皆様も多かろうと思います。今どき流行りの「○○ノミクス」の元祖がここにあるといっていいでしょうね。レーガン政権が、いかに精力的にレーガノミクスという言葉をプロモーションしたことか。

それにあやかって、日本でも何とかノミクスがむやみと前のめりになる昨今です。その意味でも、この元祖「○○ノミクス」を本講座で通貨的見地から取り上げることがタイムリーかと思うところです。

この講座では、実は、今回皆様とお目にかかります以前においても、一貫してレーガノミクスなるものの通貨的意味を考えてきました。それだけ、このテーマが通貨と金融という観点から実に奇妙な面白さに富む話題だということです。そして今や、日本にも

「○○ノミクス」が登場したわけですから、その解読・謎解きに資するという観点からも、1980年代を通貨的見地から振り返ることに、改めて大きな意味が生じていると考えるところです。

1 便乗商法だったレーガノミクス

「○○ノミクス」のイメージ操作が最も奏功したのが、1980年代のレーガノミクスでした。ご存じ、米国のレーガン政権の経済政策が、この呼び名で知られるようになりました。このレーガノミクスなるものについて、最も注目されていないのが、その通貨と金融的側面です。その辺を意識しながら、1980年代の通貨的世界に足を踏み込んで参りましょう。

レーガン陣営は、当初からレーガノミクスという用語の普及に余念がありませんでした。ネーミングが定着すると同時に、ある特定のイメージが人々の頭の中にすり込まれていくことを目指したのです。そのイメージが「サプライサイドの経済学」でした。レーガノミクスとは、米国経済のサプライサイド、すなわち、供給力を強化するための政策体系にほかならない。この観念を徹底的に売り込んだのです。供給力の強化で、インフレなき高成長を実現してみせる。そのように豪語したのです。

レーガノミクスとサプライサイドの二つの言葉が、メディアで躍る。書店は、二つの言葉をタイトルに織り込んだ解説本、そして「怪説本」であふれかえることになりました。

実によく出来たイメージ作戦でした。しかしながら、現実は宣伝文句とはかけ離れていました。レーガン政権下の経済運営は、供給力強化とは程遠い、バラマキ型の需要大拡張政策にほかなりませんでした。財政収支も対外収支も大赤字になり、レーガノミクスはサプライサイドの強化どころか、「双子の赤字」というフレーズを産み落とすことになりました。インフレ病に侵されていた米国経済を、さらに病状深化の方向に追いやっていく。明らかに、そのような力学を内包する政策だったのです。

ところが、ここから先が面白かった。恐ろしいといった方がいいでしょう。羊頭狗肉のサプライサイドの経済学は、数字をみる限り、何と、インフレなき高成長を実現する格好になったのです。実質経済成長率は、久々に3％台に乗せた。一方で、インフレ率は2％に向かって鎮静化していったのです。

どうだとばかり、レーガン大統領が胸を張りました。「アメリカはよみがえった」と鼻高々でした。ところが、種を明かせば、これは単なる便乗作戦でした。金融政策へのタダ乗りだったのです。

当時の米国の金融政策は、いわば「量的引き締め政策」の真っ最中でした。インフレ撲滅を目指して、連邦準備制度理事会（ＦＲＢ）が極度に資金供給量を絞っていたのです。政府がバラマキ財政をやるなら、金融政策は大引き締めで、財政インフレの影響を吸収するほかはない。その姿勢に徹したＦＲＢの対応が、猛烈な高金利をもたらしていました。

そして、この高金利が世界中から米国に資金を引き寄せたのです。その結果、急激にドル高が進みました。ドル高が進めば、二つの面でインフレ圧力にガス抜き効果が働きます。第一に、輸入が増えるから、需給関係が緩和されます。第二に輸入物価が低下するから、その分、全般的な物価水準も低下します。要するに、レーガン政権は、自らはもっぱらインフレの種をまき散らすことに徹しました。そして、その尻拭いをＦＲＢに丸投げしました。それを受けたＦＲＢの引き締めがドル高をもたらすと、あたかも、サプライサイドの経済学で「インフレなき高成長」を実現したかのポーズを取りました。これが、レーガノミクスの正体だったのです。

2「プラザ合意」を知ると円相場が解る

プラザ合意とは、１９８５年9月22日にアメリカ、フランス、西ドイツ、イギリス、日本の財務大臣たちが協議して作成した文書の内容を指します。ニューヨークのプラザ・ホテルで開かれた会合の結果だったので、プラザ合意といわれます。これらの5カ国が協力してドル高是正を推進することを決めたものです。

プラザ合意については、アメリカの策略で日本が円高容認を強いられたというネガティブな見方が根強くあるようです。しかし、本質は違うところにあると筆者は考えます。

原文にあたるべし

プラザ合意については、様々な人が様々な思いを持って、様々なことを書いています。それはそれとして、この手の物事について考える時には、何はともあれ合意文書そのものの全文を読むことが大事でしょう。

合意文書には、その当時、国々が何を気にしていたのかがはっきりと書かれています。それは、世界的なレベルで著しい経済的不均衡構造が形成されてしまっているということでした。アメリカは対外的な大赤字状態が続いている。それに対応して、アメリカ以外の世界に大幅な黒字が積み上がっていました。日本と西ドイツが黒字の大半を計上していました。つまり、アメリカが著しく需要超過の状態に陥っていて、その超過需要を西ドイツと日本がもっぱら吸収していたということです。

この不均衡問題を何とかしなければならないと、一番強く主張していたのが、西ドイツの中央銀行、ブンデスバンクでした。問題の焦点はアメリカの高金利とそれがもたらすドル高でした。アメリカの対外収支がなぜ大赤字になっていたかといえば、それは、前述の通り、アメリカが顕著な需要超過経済となっていたからです。そのことがもたらすインフレ圧力によって、当時のアメリカは著しい高金利にも見舞われていました。インフレは、それ自体が金利上昇圧力をもたらします。インフレ率に見合った金利が手に入らなければ、人は人にカネを貸そうとしないからです。それに加えて、インフレを抑え込むための金融引き締め政策が展開されますから、インフレ期には政策要因によっても金利に上昇圧力がかかります。これらの要因があいまって、当時のアメリカはすさまじく高金利経済化していたのです。

この高金利を狙って世界中から資金がアメリカに吸い込まれていく。アメリカへの投資が増えるからドル高になる。この関係が他の国々を悩ませていました。アメリカへの資金流出をせき止めたければ、その他諸国はアメリカ並みに金利を上げなければならない。しかしながら、それをすれば、国内経済に強いデフレ圧力をかけてしまう。自国もインフレ退治に悩んでいるのであればいざしらず、別段、そのような問題がないのであれば、資金流出回避のための金融引き締めを強いられるのは、ハタ迷惑もいいところです。この点に最も激しくかみついたのが、ブンデスバンクだったわけです。何としても、アメリカに「需要超過＋高金利＋ドル高」の経済運営を止めさせる。それがプラザ協議に臨む西ドイツの姿勢でしたし、アメリカ以外の他の国々も、大なり小なり、その問題意識に賛同したのでした。

レーガノミクスのまやかし

なぜ、そこまで強く是正を迫られるようなところまでドル高が進んだのでしょうか。その背景がレーガノミクスにほかなりませんでした。

数字上の姿としては、レーガン時代に入ってからアメリカの経済成長率は高まり、インフレ率は低下しました。そこで「ほら、レーガノミクスはインフレなき成長をアメリカに取り戻したではないか」とレーガンは胸を張ったわけですが、前述の通り、これは便乗商法に過ぎませんでした。要はインフレ抑制のための高金利と、それがもたらすドル高がインフレ経済の実態をみえなくしているに過ぎなかったのです。

ドル高になると何が起こるでしょうか。一つには輸入品の値段が安くなるのでインフレ鎮静効果をもたらします。それと同時に、輸入品の値段が安くなれば輸入数量が増えます。つまり、大量の輸入品流入が国内の供給力不足を補って、需要超過構造を緩和する効果を発揮してくれたのです。入ってくるモノの値段が安いことと、たくさんモノが入ってくること。この二重の効果でインフレ率が抑え込まれたわけです。こうして確かに、形としてはインフレなき高成長が実現したわけですが、そのシワ寄せとして巨大な対外赤字を抱え込むことになりました。

ドル安の歴史的必然

プラザ合意に対しては、不平等条約を日本に押しつけたとか、円高で日本をやっつけるという陰謀に振り回されたというような評価があります。それも解りますが、それが真相の全てではないでしょう。前述の通り、筆者はプラザ合意を円安是正ではなくドル高是正のための合意だったと理解しています。

いずれにせよプラザ合意後のドル安は、合意文書にある「秩序あるドル安修正」ではありませんでした。ドル大暴落になってしまったのです。こうしてみればプラザ合意がなくてもドルは暴落する運命にあったといえるでしょう。レーガノミクス下における無理強い的な高金利・ドル高状態に限界が来ていた。その意味で機が熟していたからこそプラザ合意が成立した。そういうことだったのだといえると思います。

パックス・アメリカーナを築いたアメリカをもってしても、自分の思い通りの状況をごり押しすることが出来なくなっていた。時代状況の変化が、プラザ合意として結実したといえるでしょう。要するに、プラザ合意は歴史的必然の産物だったということです。

変わらなければならなかった日本

さて、ここで日本に目を向けましょう。プラザ合意という名の歴史的必然に対して、日本はどのような姿勢で対応したのでしょうか。

実は、日本の産業界においても「このままではどうしようもない」という感覚が強くあった面があります。少なくとも一部の人たちは、いつまでも円安にしがみついていることは、日本にとって決して有利ではないと思い始めていました。心ある人々は、より付加価値が高いところに特化する方向に産業構造が大きく変わらなければダメだという思いを持っていました。

プラザ合意の翌年の1986年に内閣の諮問機関がまとめた「前川レポート」は、内需拡大型の経済成長を掲げ、規制変革や産業構造の転換が盛り込まれたものでした。「日本がこういう風に変わらなければ行き詰まる」という当時の感覚をうまく集約していたといえるでしょう。そういう感覚があったがゆえに、プラザ合意に対して日本の産業界からはそれほど大きな非難の声が上がりませんでした。「前川レポートにあることをやっておかなければ、後で苦労することは間違いない」という言い方もされました。

結果的に、前川レポートに書いてある変革や市場開放は2000年代になって小泉政権下で取り上げられる格好になったので、「前川レポートは小泉改革という弱い者いじめに材料を与えた」という評価がされたりしますが、これでは、少々、前川リポートにかわいそうでしょう。物事には、万事、潮時や旬というものがあります。1980年代にやっておくべきだったことを、バブル経済化とその破綻でフラフラになった日本に強要するというのは、いかにも無理のあるやり方でした。小泉首相は、さかんに「痛みを伴う改革」を振りかざしました。それはそれで解ります。ですが、痛みが過ぎて患者が死んだのでは、何の意味もありません。さらにいえば、誰が痛むのかという問題があります。タイミングがずれれば、痛むべき者たちは無傷で、救うべき者たちが痛めつけられることになってしまいます。このねじれ現象が、今日の日本における格差と貧困問題をもたらしている。そのようにいえる面があると思います。タイミングを外すことの恐ろしさ。それをこの間の経緯が我々によく示してくれていると思います。

プラザ合意時にやるべきことをやらず、バブル経済化の道を進んでしまった。そして、その後の失われた10年で大きく体力が落ちたところで、「痛みを伴う改革」に挑む。このあまりにも自虐的展開が、今日の現状をもたらす伏線となった。つくづく、そのように思われてしまいます。変わるべき時に変わっておかないと、いずれは、変わるべきではない方向に変わることを強いられる。そのことを肝に銘じておくべきでしょう。時すでに遅しではありますが。

アメリカの目論見も外れた

軌道修正を迫られたアメリカにとっても、プラザ合意は必ずしも全く不本意なものではありませんでした。

レーガノミクスの末期においては、アメリカでも産業力の低下に対して次第に認識が強まり始めていました。従来のアメリカは産業競争力を全く気にせず、需要が伸びてさえいればいい、成長してさえいればいいという感覚でした。だからこそ、ドル高で成功を演出しようとしていたわけですが、あまりにもその政策がうまくいきすぎて、あまりにもドル高が進行し、持続してしまったがゆえに、戦後において初めて、産業力の衰退に危機意識を持たざるを得ないところに来ていました。本当に、アメリカの鉄鋼業や電機産業は消滅してしまうのではないか。そうした危機感がつのる状況に追い込まれていました。今や日本が産業空洞化に悩んでいますが、当時はアメリカの産業空洞化の問題を扱った本がたくさん書店に並んでいたものです。

自国の産業がこのままでは壊滅的な打撃を受けてしまうという認識が高まっていたために、ほかの国々からドル高是正を迫られれば、それもそうかと「強いコミットメントで今までのやり方を変えます」と宣言したのでした。その意味で、アメリカにとってプラザ合意は引き際をつかむための渡りに舟の出来事だった面があるでしょう。

ただ、彼らが期待した「為替調整はいいが、そのペースは秩序あるものであってほしい」という思惑は完全に砕かれました。ドル安のペースはアメリカの予想をはるかに上回るものとなりました。

図3はプラザ合意前後のドル円相場です。プラザ合意前の1ドル＝240円から出発

図3　プラザ合意前後のドル円相場
—「秩序あるドル安」とはならず

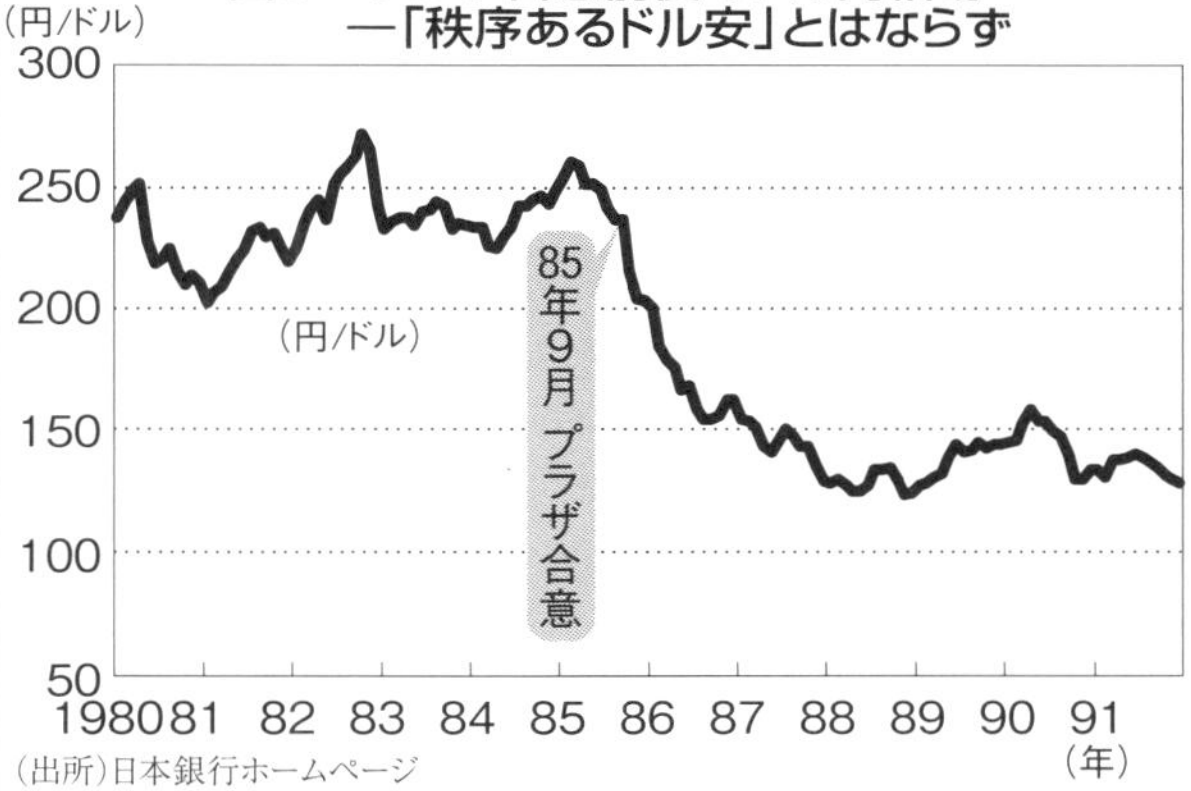

(出所)日本銀行ホームページ

し、200円を切った段階でさすがに一服かと思いきや、190円、180円と安値更新が進む展開になったのです。「秩序あるドル安」とはおよそ程遠い展開でした。

いずれにせよ、そもそも、アメリカが内需を思い切って引き締めていけば、インフレも収まり、金利を高いところに維持しておく必要もなかったのです。金利の低下とともにドル高も修正されていったでしょう。当時においてアメリカが最もやるべきだったのは、インフレ的な不均衡の是正に向かって内需を引き締めることでした。「秩序あるドル安」にアメリカが同意したのは、それをやれば内需引き締めを免れるかもしれないという思惑による対応だった。そういえる面が多分にあると思います。

あの時点で、もしもアメリカ経済がデフレ下にあって内需が停滞しており、それにもかかわらず輸入が伸びて対外収支が赤字化していたのであれば、為替レートの低下は間違いなく合理的な選択でした。需要がないのに輸入が増えているとすれば、それは為替レートが高すぎて、輸入品が過度に割安になっているからです。そのような場合には、通貨高を是正することが理にかなったやり方です。しかしながら、内需の強さが過大な対外赤字をもたらし、インフレと高金利を惹起しているという状況なのであれば、最も合理的な選択は内需を絞り込むことです。それをせずに自国通貨安を追求すれば、輸出が増えて輸入が減りますから、対外収支は確かに改善しますが、国内では供給不足になってますますインフレが昂進してしまいます。それでも、成長を犠牲にしなくてもすむ道を取りたい。それが当時のアメリカのご都合主義的思惑だったのです。「秩序あるドル安」が、成長放棄を免れるための便法にみえたわけです。しかしながら、実際には秩序なきドル急落に見舞われたわけです。やはり、経済の世界はそうそうヨコシマな思惑が通用する世界ではないということです。

ブラックマンデーからバブルへ

プラザ合意の後、1987年2月22日にアメリカ、日本、イギリス、ドイツ、フランス、イタリア、カナダの先進7カ国（G7）がドル安に歯止めをかけることで合意したのがルーブル合意です。もっとも、西ドイツがアメリカの要求に反して金利引き下げを拒否したため、政策協調は実質的には失敗に終わりました。西ドイツが利下げを拒んだのは、国内の経済実態がそれを許すようなものではなかったからです。通貨価値の番人としての意識が強いブンデスバンクとしては、必然性のない自国通貨安を自ら演出するつもりはなかった。そういうことです。

この西ドイツの姿勢にいらだって、アメリカのベーカー国務長官は、「アメリカの株が大暴落したら、ドイツのせいだ」と口走りました。これは基軸通貨国としての最終的な敗北宣言だったといえるでしょう。よその国の金融政策が自国経済を振り回すようなことは、基軸通貨国ならばあり得ません。

かつて、ニクソン・ショック前の1971年に当時のコナリー財務長官は「ドルはアメリカの通貨だが、あなた方の問題だ」という有名な言葉を発しています。要は「ドルがあなた方の命運を決める通貨だ」と豪語したわけですが、立場が逆転してしまったのです。西ドイツを非難するという形でフラストレーションが表れるような立場にアメリカもついに追いやられたことが判明した。そのことが強く印象づけられる場面でした。

西ドイツが金利を下げることを拒んだ結果、世界経済は不安定になり、1987年10月19日のブラックマンデー（株価大暴落）を迎えます。日本はプラザ合意後から円高不況を脱しようと超低金利政策を採っていましたが、ブラックマンデーの尻拭いのため、さらに金融大緩和を進める展開になります。それがバブルを生み出しました。日本のバブルが、ブラックマンデーから恐慌へと至るインパクトを吸収し、アメリカは数カ月のうちに何事もなかったかのような状態に戻ってしまったのです。ブラックマンデーから早く立ち直りすぎてしまったがゆえに、その後、世界経済全体がバブル化へと進んでいきました。

ルーブル合意が崩れた時点でアメリカ経済が身の丈サイズに縮んでいれば、その後の展開はずいぶん違っていたでしょう。金利引き下げを拒んだドイツは、要するに、そのような調整をアメリカに対して迫ったわけです。それに引き換え、金融大緩和に突き進んだ日本は、経済運営上の責任感が欠けていたといわざるを得ません。

金融緩和とは、要するに政策が意図的にカネ余り状態を作り出すことを意味します。カネ余り大作戦の中で、1987年の東京株式市場の終値は2万1564円に達しました。そこからさらに、1989年末には3万8915円まで行ってしまったのですから、すさまじいバブルでした。

1990年代に入ると、日本はゼロ金利政策を展開し、さらには量的緩和に踏み切ることになりました。そのような政策展開がカネ余りをさらにあおる中で発生したのが円キャリートレードです。金融の自由化・グローバル化が進んでいたがゆえに、日本国内でタダ同然のコストで円資金を調達し、それを海外に持ち出して運用するという動きがどんどん起こりました。日本のカネ余りが世界のカネ余りとなり、日本のデフレ対策が世界でバブルを起こしてしまったのです。日本からどんどん出ていったカネがアジアでバブル経済を作り出し、高みに押し上げたところで梯子をさっと外すがごとく資金が日本に還流してしまう。そのようなメカニズムで発生したのが、1997年のアジア通貨危機でした。リーマン・ショックも同じ構図です。そういう意味ではこの間に日本は次第に恐慌輸出マシーンと化していくことになったのです。

起こるべきことは、起こる

プラザ合意が我々に示したことは、いずれは、それなりの必然性を持っていることは、それなりの必然性を持って起こってしまうということです。「なぜ、あの時こうなったのか」と考えていくと、「なるべくして、なった」ことが多いのです。誰の陰謀や悪知恵が働いたのかとか、誰と誰が談合したのかなどと犯人捜しをすればそれなりに、もっともらしい筋書きを描くことも出来ますが、そのような発想に振りまわされるのはあまりおすすめではありません。

これは、様々なテーマに関していえます。ユーロ圏は必然性のないところに強引に単一通貨を導入したので、債務危機という形でツケを払わされています。

経済的必然性のあるなしの見極めは重要です。例えば、為替市場への政策介入が効果的な場合というのは、その時、為替市場で起こっていることに、経済力学的な必然性が全くない場合です。こんな方向に行くわけがないという時には、そこから通貨関係を引き戻すための為替介入が効きます。しかしながら、本来向かうべき方向に動いているのに、それを逆流させようと介入するのはカネの無駄遣いです。

それにしても、プラザ合意に関する陰謀説的見方は根強いですね。それはなぜなのでしょうか。問題はその後の展開が日本にとってあまりにも悲惨だったということかもしれません。バブルから失われた10年へ、そして長引くデフレと格差拡大。バブル崩壊後は、どうも何をやってもうまくいかない。ぱっとしない。我慢の時代が延々と続く。そんな中で、それこそ、自分たちをここまで追い込んできた犯人を捜し出したいという思いがつのる。この心境が、プラザ合意を諸悪の根源に仕立て上げたいという発想につながってきた面がありそうです。

我が身の不幸を誰かのせいにしたい気持ちは解ります。ですが、そもそも、プラザ合意後にバブル化が進んだのは、何が何でも円高不況回避だというので、しゃにむに金融大緩和が進められたからです。バブル崩壊後の後始末があのように長引いたのも、多分に政策対応の遅れの産物です。デフレが払拭されない状態が続いてきたことについては、緊急対応だったはずのゼロ金利や量的緩和が常態化してしまったことが相当に影響していると考えられます。どうも、誰かのせいに出来ることはあまりなさそうです。

陰謀説や犯人捜しは、真相解明にあまり役に立ちはしない。筆者はそう思います。ヒソヒソ話の種としては面白いですし、真剣に悪者たちの企みを暴くべき場面はもちろんあります。ですが、あらゆる経済的な展開の背景に悪巧みをみるのは、あまり得策ではありません。かえって自分の目を曇らせる恐れがあります。そのおかげで、迫りくる本当の危険を見過ごしてしまうかもしれません。プラザ合意に関しても、疑心暗鬼が日本の対応を狂わせた面があるかもしれない。そのように思えます。幽霊の正体みたり枯れ尾花。存在しない悪巧みの影に怯えていると、起こるべくして起こっていることへの対応が遅れる。それが最も怖いことだと思います。

第四章
通貨から金融へ
私のクレド

1「リーマン・ショック」を招いた金融の変質

本章では金融の世界に目を転じます。金融に関わるテーマといえば、何といってもリーマン・ショックを取り上げないわけにはいきません。２００９年９月にアメリカの投資銀行、リーマン・ブラザーズが倒産するや、その衝撃はあっという間にグローバル経済全体に波及し、21世紀の金融恐慌というべき状況を引き起こしました。まさしくグローバル恐慌でした。

根源はサブプライムローンより証券化

リーマン・ショックとは一体何だったのでしょうか。

最大の問題は、証券化という手法を、サブプライムローンという分野に適用したことにあるといえます。サブプライムローンの仕組み自体にも大きな問題があることは間違いありません。本来ならばカネを借りることが出来ないような信用力の低い人に対して、「高い金利を頂きますが、その金利は結局払わなくて済むことは間違いありません。貸してあげたお金であなたが買う不動産の価格はどんどん上がっていくのですから、あなたはすぐに低い金利でお金を借りられるようになりますよ」と言って、押し売り的にカネを貸していきました。経済活動のレベルをどんどん引き上げたために、リーマン・ショック前には経済活動のレベルは維持不能な高みに行ってしまいました。

その大きな問題があったサブプライムローンという金融資産を、さらに証券化という手法で切り売りし、世界中に毒を拡散していったことが諸悪の根源でした。証券化とは、金融機関が債権を持ち続けていると新しい貸し付けが出来ないために、債権を流動化させる手法です。もともとは中小零細の借り手向けの小口金融を円滑に展開してもらうための工夫として考案されました。それが、レバレッジの大きなテコとして使われ、無責任金融を無限に可能にしていく手法となりました。1950年代に開発された時には、そんなことは露ほども想定されていませんでした。金融のグローバル化・工学化に証券化という手法が結びついたことで、とんでもないリスク拡散が行われるようになってしまったのです。

証券化は決してリスク〝分散〟ではありません。「証券化というのはリスク分散として最高の手法である」と言ったのは、元FRB（米連邦準備制度理事会）議長で、ある時まで中央銀行業の神様と呼ばれていたアラン・グリーンスパンでした。確かに、証券化で債権を人に売り飛ばす金融機関にとってはリスクの分散になっています。手元にリスクの大きなサブプライムローンなどの債権を持ち続けていなくて済み、不良債権化する可能性のある資産も誰かに押しつけることが出来るのですから、その意味でまさしくリスク分散効果があります。しかも、叩き売りではなく、それなりにいい値段で売ることが出来るわけですから、こんなにおいしい話はありません。

しかし、売りつけられる側が増えれば増えるほど、リスクは分散ではなくて拡散することになる。その意味で証券化はいわば〝金融福袋化〟というべき悪徳商法で、それがリーマン・ショックの根源的な問題でした。

サブプライムローンも大問題ですが、そのサブプライムローンの債権が証券化されることがなければ、明らかにリーマン・ショックは起こっていませんでした。サブプライムローンだけだったら、本来、貸し倒れる者が貸し倒れていくという別の形での連鎖倒産が起きた可能性はありますが、それが大きなスケールで同時多発恐慌に広がっていったのは、証券化というプロセスを経たためでした。

アメリカ政府の誤算

サブプライムローン問題によって2007年夏頃からいくつもの金融機関が危機に陥りました。では、その中で倒産し、ショックの引き金を引いたのが、なぜリーマン・ブラザーズだったのでしょうか。

これは完璧にアメリカ政府の誤算であり、問題の原点と経過に対する見方の甘さの表れだったといえるでしょう。あの時、アメリカ政府はリーマン・ブラザーズをいさぎよくつぶしたことで、この問題が大きく膨らむことを阻むことが出来ると考えたわけです。「ぐずぐずしていた日本の不良債権処理とは全く違う。日本のバブル崩壊への対応のまずさから我々は上手に学んだのだ」と当初、彼らは思ったことでしょう。

リーマン・ブラザーズに固有の問題が全くなかったわけではありません。カネでカネを稼ぐというカジノ金融の世界においても、とりわけ派手にカジノ的な振る舞いをしていたことは事実です。ほかのところが「さすがにそこまでは出来ない」と思うことまでどんどん手掛けることで、リーマン・ブラザーズはそれほど図体が大きくはないのに頭角を現していきました。

逆にいえば、アメリカ政府は「一金融機関のやりすぎが問題を起こしたのであって、そんなに根が深くて広がりのある問題ではありません。リーマンをつぶして清算してしまえば、問題は収束します」というストーリーラインでいこうと思ったからこそ、リーマン・ブラザーズを倒産させたのです。全ての責任をリーマン・ブラザーズに押しつけて、早めに火を消すことに成功した姿に持っていこうとしたのでしょう。リーマン・ブラザーズは規模もそれほど大きくありませんし、経済活動を回すための資金を供給するマジメ金融にも関わっていなかったので影響は大きくないだろうと思ったわけです。

ところが、それは大誤算でした。リーマン・ブラザーズをつぶすと、突如としてAIGの経営危機が噴き上がってきてしまいました。そのようなつながりをアメリカ政府は読めていなかったのです。「大きすぎてつぶせない」というカテゴリーから考えれば、リーマン・ブラザーズはその分類には入らないから大丈夫だと思っていましたが、その時にアメリカ政府が忘れていたのは「つながりすぎてつぶせない」という問題もあるということです。

グローバル金融の世界では、それほど大きくない存在でも、とんでもなく大きなところと、のっぴきならない関係でつながっている可能性があります。そのつながりについての認識が甘かったのです。リーマンというひもをこちら側で引っ張ると、あちら側でものすごく大きな蜘蛛の巣が崩壊してしまう。アメリカの金融当局は、まだ、その構図を十分に理解していませんでした。

発端はニクソン・ショック

なぜ、そのような金融のつながりが生じていたのでしょうか。

金融とは、通貨を使った与信行為、すなわち信用創造のプロセスを指します。人が人にカネを貸すことが信用創造（Credit Creation）ですが、Credit の語源はラテン語で credere（クレーデレ）、信じるという意味です。人が人にカネを貸すのは結局のところ、そこに信頼関係があることが前提となっています。人は信用していない相手にはカネを貸さないし、逆に、信用している相手からでないとカネを借りたくないものです。言ってみれば、カネの切れ目は縁の切れ目。縁の切れ目はカネの切れ目。本来であれば、縁のない間では信用創造は行われるはずがないわけです。

ところが、サブプライムローン問題では、ローン債権を証券化し、転売する形でどんどんリスクが拡散していきました。そこに、信用をベースにした貸借関係はありません。誰が誰に対して債権を持っているのか。誰が誰に対して債務を負っているのか。証券化はどちらも解らなくしてしまいます。金融の根源的な前提である「信用」という概念が、証券化という金融手法の中で完全に消え去ってしまったのです。

サブプライムローンによる証券化では、信用で結ばれた相対の関係を逸脱したところで、信用創造が大きく膨らんでいることに根底の問題がありました。でも、その問題を直視せず、アメリカ政府は「とにかく悪いことをした奴をつぶしてしまえば大丈夫」だとリーマンを倒産させました。グローバル時代における自由化された金融が、その歯車が狂った時にもたらす問題はいかに大きく、かつ広がりを持っているか。アメリカ政府だけなく、世界中の金融当局が全く解っていませんでした。

それに、歴史的な大きな流れにも目を向けていませんでした。まず、ニクソン・ショックによって最後の対外的金本位国であったアメリカがその対外的金本位を放棄し、ドルの発行に歯止めがなくなりました。それに伴ってドルが急速にインフレ通貨化したことは既にみた通りです。それがアメリカにおける金利の自由化を必然化しました。金利を入り口として、金融自由化の世界に我々は踏み込んでいくことになったのです。さらに金融がデリバティブを使う工学化、証券化へとどんどん進んでいく中で、リーマン・ショックに至る、道が形成されてしまった。端的にいえば、ニクソン・ショックがなければ、リーマン・ショックは起こっていなかったでしょう。こうして通貨と金融は密接に結びついているのです。ニクソン・ショックという通貨的イベントが巡り巡ってリーマン・ショックという金融大地震をもたらす。そして今度はリーマン・ショックのおかげでドルの価値が転落する。かくして通過と金融の輪廻は巡り巡っていくのです。

通貨の世界で起きた大変異が金融自由化をもたらし、その結果としてのリーマン・ショックによってドルという通貨の信認がぐんと下がるという形で、金融から通貨の世界への反動が来ました。アメリカ政府としてはそのような流れで物事を考えたくはないでしょう。当時、アメリカの財務長官だったハンク・ポールソンは、しきりにテレビで「我々はバズーカ砲を用意しているから、このショックの息の根をあっという間に止めてみせる」と発言していました。どうも、歴史的な脈絡では全然物事を考えていなかったようです。歴史的な認識を持っていれば、放っておけばこのような事態になるということはもっと前に感じ取っていたでしょう。

ヘッジファンドは悪なのか

経済的な惨事が起こると、その犯人として糾弾されるのが投機家たちです。彼らは市場の仕掛人集団です。その意味で、確かに怪しげです。疑りたくなりますね。しからば、21世紀の金融仕掛人、ヘッジファンドがリーマン・ショックを引き起こしたという風に考えられるのでしょうか。

投機家は行き過ぎた状態を見出せば、当然そこにつけ込みます。それを引き金に行き過ぎた状態は崩れていきます。そうした流れのきっかけ作りをするのが確かに昨今だったらヘッジファンドです。かつては「チューリッヒの小鬼」といわれたスイスの金融機関たちがその役割を果たしていました。彼らは市場のメッセンジャーといってもいいかもしれません。「この歪みはこれ以上維持不能である」というメッセージを運んできます。ですから、彼らを完全に排除して、投機が発生しないような状態を作ってしまうと、メッセージが来ないため、歪みは極限的なところまで行ってしまいます。メッセージが来た場合と比べて、より悲惨なことが起こるかもしれません。

何も歪みがないところに仕掛けていくという、いってみれば火のないところに煙を立てるような行為はそれなりに規制していくことに整合性があります。しかし、例えば空売り全般を規制するというような極端なことをすると、結果的に問題が大きくなりかねません。

過去を振り返ってみれば、アジア通貨危機もいずれは起こったに違いないことで、何らかのきっかけを待っていたのです。あの時、マレーシアのマハティール首相は、ジョージ・ソロスのことを悪の権化のように言いました。投機筋にアタックされる方からはそのようにみえます。ですが、彼らが伝えるメッセージは多くの場合にデマではありません。リーマン・ショックもそうです。全く根拠のないところから、投機の力で恐慌や大破綻が生じることは意外にないのです。

そういう意味では、投機筋のやっていることは市場の歪みを明るみに出していく作業だといえます。歪みを隠すよりはあばく行為の方が正当性があります。要は投機家たちがつけ込みたくなるような歪みを作り出さないことが基本です。いずれにしても発生してしまった歪みは隠さないことが基本。恐怖のメッセンジャーたちに仕事を与えないことがやっぱり基本。基本に忠実であることが市場との付き合い方の基本です。

危機に目を背ける心理

リーマン・ショックの前に、目の前にぶらさがっている危機に気づくことは出来なかったのでしょうか。今振り返ると疑問に思いますが、当事者は「まさか」に対して存外に目を背ける傾向があります。また、自分たちの中から内発的に起こるのではないもの――天災はもちろん、人災でも、戦争のように降ってわいたようなものに対しては、人々は割合と客観的に目を向けることが出来ます。ところが、金融の世界の危機は、誰にとっても大なり小なり身から出た錆というところがあります。すると「まさか」の論理が非常に強く働いてしまいます。

「こんなことが起こったら困る」が「起こったら困ることが起こるはずがない」「起こるはずがないことに備えることは災害を引き寄せる」などという発想になってしまいます。危機に備えていることがばれると、取引先が手を引いてしまうのではないかと思い、備えること自体が、備えるべき対象の事態をおびきよせかねないなどと心配してしまうのです。かつ、目先の儲けに目がくらみ、「いずれは起こるかもしれないけれど、まだ大丈夫。誰かには起こるかもしれないけれど、自分は大丈夫」という思い込みも働きます。

原発事故もそうです。「大変なことになると解らなかったのか」と我々は考えますが、当事者たちはむしろ大変なことが起こることを否定する心理から出発している。「起きてはいけないことは起きないという前提で人々がモノを考える」という意味で、原発の世界にはどうも学習効果というものがないようです。スリーマイル島やチェルノブイリで起こったことから、福島原発の管理者たちは何を学んだのか。巨大な教訓が何も生きていないのです。パニックの仕方も対応のまずさも同じです。

金融の世界で何かが起こる力学や心理というのは、意外と原発の問題とよく似ています。自己都合的な人間心理が前面に出てきます。当事者性というものが危機管理において邪魔になるのです。

だからこそ、原発の問題では研究機関が警告を発することが重要であり、金融の問題ではエコノミストが重要なのです。誰も聞いていない時に荒れ野で叫ぶ警告に価値があります。どんな危機でも、気づくべき時があります。

リーマン・ショックにおいては、「このまま行ったら絶対的にまずいだろうな」と思うべきだったのは、2006年の秋頃でしょう。私は最初から、このバブルは続くはずがないと思っていましたが、一段と確信を強めて「これは絶対にまずいだろう」と思い始めたのがその頃でした。

その頃、サブプライムローンの証券化商品が非常に幅広く、様々なところに出回っていて「ここまで広がってしまっているのか」という状況だと判明しました。非常に大きく信用バブルが膨らんでいる場合でも、取引が相対関係で展開されている間は、まだバブル化をせき止め、恐慌を回避する余地があります。ところが、証券化が始まると貸借関係の責任当事者が全くみえなくなってしまうので、収拾がつかなくなります。本来の信用創造のあり方が崩れ始めたところから、取り返しのつかない段階に入ります。「あの時がその時」だった。そう思うところです。

恐慌の〝苦い薬〟は効き目半ば

リーマン・ショック後、アメリカは意外に早く立ち直ったようにみえました。これはポールソン財務長官が言った「バズーカ砲」、つまり財政出動と大いに関係があります。リーマン・ショックが恐慌としての本来の牙を剝いていたら、どうなっていたでしょうか。

それを考えるためには、恐慌は不況とどのように違うのかを踏まえる必要があります。恐慌の一方で、大不況という言い方もします。大不況が起こる前は不況です。不況の前は好況です。景気が後退してなかなか上向かないと思っているうちに、二番底、三番底と不況の谷底に落ちていくというのは景気循環のプロセスです。

では、恐慌前夜はどんな風景でしょうか。そこは、バブルの世界です。そこに大きな違いがあります。恐慌は、その前の瞬間まで浮かれていたのに、突然麻痺が来る。ショック死ですね。まさにリーマン・ショックはそうでした。リーマンの社員たちは、昨日まで金融の世界でレバレッジ取引を繰り広げていたのに、当日はデスク周りのものを詰めたダンボール箱を抱えていたのです。

恐慌が発生した時点で経済活動は麻痺してしまいます。世に最も恐ろしい経済現象ですが、その恐慌には隠れた恩恵があります。それは経済活動の自己浄化作用です。過熱し、膨らみすぎた経済活動が、健全な均衡が取れたレベルを強制的に回復しようとする。それが恐慌現象だといえます。

その意味で、恐慌というのは、ものすごく痛みを伴うのですが、ものすごくよく効く薬でもあるわけです。バランスを回復する苦い薬としての恐慌の効果がそれなりに発揮されながらも、あまりに荒療治すぎて患者が死んでしまうことにならないようにサポートしていく。それが、ポスト恐慌の経済政策の役割です。

ところが、アメリカ政府はバズーカ砲を用意して財政資金をどっと出していきました。リーマン・ブラザーズをつぶしても事態は済まなかったので、今度は一転して態度を変え、不良債権買い取りプログラムでどんどん金融機関を救済し、経済活性化に向けて突っ走りました。膨らみすぎた経済活動をまともなレベルに引きずり下ろすという自己浄化作用を途中で止めてしまったのが、あの時のアメリカ政府のやり方でした。早く立ち直ることだけに焦点を当ててカネを投入しました。しかしながら、実は早く立ち直ってしまったことに、むしろ大きな問題がありました。

喉元過ぎれば元の木阿弥

リーマン・ショックから我々は何かを学ぶことが出来たのでしょうか。どうも何も学んでいない感じが濃厚です。「喉元過ぎれば元の木阿弥」というところでしょう。

特に問題の張本人的な位置づけにあったカジノ金融の人たちは、完全に逃げ切りました。もともとリーマンに勤めていた人たちもあちこちに分散し、捲土重来を期して頑張っています。一体リーマン・ショックとは何だったのか。二度とこの道に踏み込まないためにはどうすればいいのかというような発想は、当事者において最も希薄なようです。一般投資家の中にも「夢よ再び」の思いが膨らんでしまっているおもむきですね。

世界中でデフレ色が濃厚となる中で、ゼロ金利と量的緩和がリーマン・ショックの一つの副産物として日本から世界に広まりました。この二つは日本の専売特許でしたが、今では先進諸国は当たり前にやっている状態になってしまいました。成熟経済圏はおしなべてゼロ金利あるいはそれに限りなく近い世界になってしまいました。その中で少しでも金融資産から収益が上がるようにしなければなりませんから、投資家たちは必死ですし、その必死さを受けて金融機関もまた新手の高利回り商品の開発に励むという有り様です。

リーマン・ショックの時には、ゼロ金利の日本から流れ出ていったカネがアメリカでリーマン・ショックの種になったという構図でした。今や日本、アメリカも含めて成熟経済圏全体におけるゼロ金利状態が、グローバル経済全体に向かってカネ余りの構図を押し出しています。その結果、次のバブルと次の恐慌につながるカネ余り状態が出来上がってしまっています。ところが、そういう認識で危機感を持っている人たちはあまりいないようです。ゼロ金利下における恐慌発生のリスクとの付き合い方は、全く上手にはなっていないのです。

リーマン・ショックの再来を防ぐための手立てはあるでしょうか。

リーマン・ショックから最も学ぶべき勘所は何か。この点について、銀証分離の重要性を指摘したのが、オバマ政権下で経済回復諮問委員会委員長を務めたポール・ボルカー氏です。ボルカー氏は、「カジノ金融とマジメ金融を分離しなければ、問題の根源的な解決には至らない」という認識をはっきりと押し出しました。ところが、それに対しては金融業界の猛烈な反発があり、きちんと効力を持つには至っていません。

ここでいうマジメ金融とは、要するに、預金者から集めた預金を一定の利率で企業に貸すという基本的信用供与機能を指します。要するに産業資金供給業務ですね。経済を回すための潤滑油としてのカネを動かす仕事です。カジノ金融はまさに投資銀行のリーマン・ブラザーズやゴールドマン・サックスがやっていたことです。つまりカネ回しのためのカネ回し。モノづくりを支えるカネ回しではありません。カネでカネを稼ぐというやり方です。それも証券化というやり方でリスクを拡散させながら、カネでカネを回すのです。それをやるなとはいいません。ですがそれをやるなら、きちんとした心がまえと管理体制が必要です。マジメ金融とカジノ金融をまぜ合わせてはいけません。マジメ金融が純白なら、カジノ金融は血なまぐさい朱色。朱に交われば赤くなる。これはとてもまずいことです。マジメ金融の担い手が、同時にカジノ金融の業師としても動いている限り、問題は絶対に解消されません。

カジノ金融が経済活動を支えているというのはおかしな状況です。リーマン・ショック前、世界的な自動車の生産台数も、明らかにカジノ金融に支えられてあまりにも高いレベルに達していました。本来、実体経済を支える技術革新や新商品、伝統文化から生まれる創造性などが経済活動の本源的な源泉であるべきです。それらが首尾よくタイムリーに力強く展開出来るように支える黒子が、金融の本来の役割です。いかにして金融をその役割に押し戻していくかということが大きな課題です。

リーマン・ショック後、金融規制に抵抗して、「金融が活力を失えば、経済にも悪影響だ」という声が上がりました。ですが、そもそも金融という名の黒子にそんなに活力が必要でしょうか。あまり元気すぎる金融はちょっと危ない。手がたい金融が元気な経済を支える。それが本来の姿でしょう。モノとカネの世界が非常にうまく支え合い、相互に繁栄を促進し合うという構図であるはずなのです。非常に呼吸が合って、いつまでも走り続けていられる二人三脚が、活力ある経済と節度ある金融のチームワークです。

ところが、ニクソン・ショック以降の通貨と金融の展開の中で、この理想的な二人三脚が崩れてしまったのが今の世界です。いかにして両者が支え合う本来の姿に戻っていくか。その一つがカジノ金融とマジメ金融との分離問題です。

それこそ、マジメ金融は地域金融機関だけが担い、大きな金融機関は、グローバルカジノで勝手にお互い同士の間でカジノ金融をやるという役割分担にしてもいいかもしれませんね。本来、金融は顔が見える相対性を持つべきものです。「この人にカネを貸して大丈夫か」「この人からカネを借りて大丈夫か」という判断が出来る範囲にしておくことです。原則に徹することが確立されてしかるべきだと思います。ただ、グローバルカジノで起こることがローカルマジメの世界に毒を流し込むようになるとまずい。そしてそれを防ぐことは難しい。ですから、やはりカジノ組にもマジメさを忘れてもらっては困るのです。

産業金融の復権を

金融のマジメさを保証するという意味で、産業金融の復権というのは重要なキーワードだと思います。古くさい言葉です。今の日本の都市銀行軍団は産業金融という言葉を忘れたいのかもしれません。ですが、本来、日本の金融機関は産業金融が巧みでした。アメリカやヨーロッパと比べても、大手銀行がしっかり産業金融に関わってきたことが、日本の産業基盤の強化に大いにつながっていました。産業基盤を支える金融というもともと得意なところを、今日の時代環境の中でいかに多様に柔軟に、度量大きく展開するかということに力を入れてみてはどうでしょうか。カジノ金融でなくても、立派にビジネスが繁栄出来ることを、日本の金融機関が世界に示して頂きたいものです。

リーマン・ショックで日本の金融機関はそれほど大きなダメージを被りませんでした。これは賢かったからなのか、臆病だったからなのか。いずれにせよ、デリバティブ（金融派生商品）取引のネットワークにとことん大々的には参加していなかったという面があるでしょう。

「失われた10年」の間に、日本の金融はグローバルな世界からかなり距離を置いていました。不良債権問題があったために、思い切って新しい事業には踏み込んでいけなかったのです。ようやく21世紀に入って、グローバル化へ再チャレンジしようとしていたところでした。なかなかグローバルな金融の世界についていけず、証券化で象徴される「つながりすぎてつぶせない」ネットワークの中に入っていけなかったので、結果的に幸いしました。そのようにいえると思います。売りつけられた証券化商品は知らず知らずのうちに持っていたけれど、本格的にレバレッジビジネスの世界に参入していませんでした。賢さを発揮したにせよ、臆病さを露呈したにせよ、要はその場面にいなかったから結果的にダメージが小さかったのです。

もし日本の金融機関が本格的にグローバル金融ネットワークに参画していたとすれば、「賢さなき度胸」の結果として、多大なダメージを被っていた可能性はあるでしょう。世界の動きに遅れているという認識があったからこそ、チャンスが与えられれば証券化ビジネスにもどんどん入っていかなければならないと思って、前傾姿勢になっていた。そこにリーマン・ショックが起こり、結局はカジノに本格参入しないうちに全てが終わりました。

このような不幸中の幸いに恵まれたのに、リーマン・ショック後になって彼らは「証券と金融の垣根が取り払われる時代になっていくから、それを徹底しなければならない」「これからはユニバーサル金融の時代だ」などと色めき立っているようです。周回遅れどころか、発想が10周ぐらい遅れている感ありですね。

金融を本来の姿に戻すために、我々に出来ることは何でしょうか。

難しいところですが、金融機関のユーザーとして、ホワイトゾーンにいてほしいという意思を明確に示すことは必要でしょう。「最近こういう新手の仕組み商品を作ったのですがいかがでしょう」と売り込みに来た時には、「リーマン・ショックを忘れたのか」と叱り飛ばす。「そんなヒマがあったら、あそこの人が面白いことをやろうとしているからおカネを貸してあげなさい」と彼らをマジメ金融の方向に誘導していく。金融もサービス業ですから、客が望む方向には逆らえません。きめ細かく、しつこく、彼らをマジメ金融に引っ張り戻していくことが重要なのではないでしょうか。

資産を運用する人たちは、どういうルールのギャンブルなのかを知っていてリスクを見極められなければなりません。ルールが単純で、リスクがみえる株式市場で運用している分には合理性のあるギャンブルですが、デリバティブを使ったファンド商品を金融機関が作るようになってくると、投資家は自分でそのリスクを判断出来ません。「これは危険だ」と思ってやめる人が増えてくる方がまともだと思います。

役割が違うものは仕切る

カジノ金融とマジメ金融を切り離すことに加えて、財政政策と金融政策との距離を保つ必要もあります。

今、金融政策が次第に財政政策の役割も兼ねなければならない格好になっています。日本銀行が株を買ったり、ＲＥＩＴ（不動産投資信託）を買ったりと、産業金融まがいのことをどんどんやっています。産業金融を行っている金融機関の債権を買い、カネを優先的に融資しています。これらは全部、財政の分野の話なのに、財政が身動きがとれないから、実質的に金融政策が肩代わりをしているのです。

こんなことをやっていては、中央銀行は通貨価値の番人として、通貨価値の保全という本来の役割をちゃんと果たせるわけがありません。財政政策と金融政策とのファイヤーウォールはもっと高く厚いものにしておくべきですが、世の中の潮流は逆です。「金融政策も成長戦略の一環を形成すべき」という声が非常に高いのです。むしろ財政と金融との距離を接近させる方向にあります。これは、やはりまずいのではないでしょうか。この点については次章でも改めて考えます。

金融の世界は、規律・節度がバックボーンとなっているべきです。しっかりした金融の世界が、成長の動力の役割を果たす財政の世界の背後に控えていることで、双方が役割を果たせるのですが、だんだんこの関係が曖昧になってきています。

銀行と証券、マジメ金融とカジノ金融、財政政策と金融政策。一連の組み合わせに共通していえるのは、やはり違うもの同士の間には、しっかりした垣根を作っておいて、それぞれが一番うまく出来ることをやってお互いに協調し合うというのがいい、ということでしょう。仕切りを曖昧にしてしまうと、それぞれの役割達成能力が結局は低下します。カジノ金融だって全く何の役割もないわけではありません。生み出される富の大きさが巨大な地球経済を支える。そのための資金的源泉の一つになっていることは間違いありません。証券化だってそうです。しかるべき場所にちゃんと収めておけば、サポート力をしっかり発揮することが出来るのです。

企業でも同じでしょう。役割が曖昧で、どういう技能を持った部門によって成り立っているのかよく解らないという組織では、全体の力は低下します。皆が同じようなことをやり始めると、全体では無駄ばかりでアウトプットのレベルは低下していきます。皆がそれぞれやるべきことをやるという状態を作ることが一番求められるわけです。

リーマン・ショックの教訓をもとに向かうべき方向としては、誰もが近くの知っている人としか取引をせず、証券化は資金枯渇を防ぐという良心的な領域に限って行われていて、銀証分離、財金分離が徹底されているというのが、一つの理想形だといえるでしょう。ただ、これだと経済活動の規模が制約されてきて、限られた範囲でしかモノが動かない状態になってしまうでしょう。今のグローバル化した経済活動の広がりとスケールを前提に考えるのであれば、そこまで規模を小さくしていくことは非現実的かもしれません。

理想形を念頭に置きつつ、一方でつながりすぎた状況をはっきり把握出来るような体制を整えておくことは一つの方法です。その上で、自己浄化作用としての恐慌もヘタに抑え込んでしまおうとしない。起こった時に整然と対応するためのルールを考えておくのです。

「つながりすぎてつぶせない」という問題は、いわば時限装置を解除するのにブルーワイヤーを切ればいいのか、レッドワイヤーを切ればいいのか解らないという問題です。

今回はリーマンが倒産してＡＩＧに波及したところで、赤線と青線の区別どころか、線の色も数もいくつあるのか解らないということが判明しました。そこで、「怖くて触れないから、十把一絡げで支えるしかない」ということになってしまいました。ですから、どのワイヤーを切ると何が起こるのかがすぐに解るような体制を日頃から作っていくことが重要です。至難の業ですが。

まさかの恐慌が起こり得る

これから先に起こり得る恐慌の姿とはどのようなものでしょうか。

農業恐慌、証券恐慌、産業恐慌など、○○危機、○○恐慌という言い方は、発生源が明確に特定出来る時に使います。その意味では、リーマン・ショックの場合、発生源はリーマン・ブラザーズではありませんから、本当は「リーマン」ショックではありませんね。

これからどんな恐慌が起こるかということを考えた時、筆者の頭の中にただちに二つの恐慌名が浮かびます。そのいずれも、既に始まっているといってもいいかもしれない。その一が財政恐慌。そしてその二が中央銀行恐慌です。いずれも筆者の勝手なネーミングです。このような恐慌が成り立ち得るといえば、発狂したかと思われるかもしれません。財政は民間経済が窮地に陥った時に出動するレスキュー隊。中央銀行は通貨価値の番人です。そのような役回りを持つ主体が経済活動をショック死に追い込むなどということは、考えること自体がご法度だといわれてしまうかもしれません。

ですが、リーマン・ショック後の現状をみれば、どうしても、これらの言葉が頭に浮かんでしまいます。リーマン・ショックという名の金融恐慌あるいは証券化恐慌を食い止めるために、アメリカを筆頭に国々が財政バズーカをぶち込んだ。本当はあまり弾がないのに、無理をした。その結果、今度は財政破綻の危機が国々の経済を窮地に追い込む。この構図が最も鮮烈な形で顕在化しているのがギリシャのケースです。

困難に陥った相棒の財政くんを支えるために、次には中央銀行がどんどん国債を買い始める。前述のように、金融政策が財政政策まがいのことをやり出す。中央銀行が体を張り、自らの財務状況の健全性を犠牲にする形で、財政恐慌の発生を防ごうとする。そうこうするうちに、中央銀行の屋台骨の具合について世間の不信感が広まる。こうなれば、経済活動が混迷し、世界の金融資本市場がパニックに陥ること請け合いです。かくして、中央銀行恐慌発生というわけです。

現状において、この二つの恐慌の可能性を完全に否定しきることが出来るでしょうか。というよりは、既述の通り、このいずれもが我々の目の前で始まりつつあると考えた方がいいのではないでしょうか。レスキュー隊がレスキューを必要とする。番人転じて病人となる。なんとも怖い世の中です。

財政や中央銀行という政策主体が引き金を引いて恐慌が起こる場合、その経過はリーマン・ショックのような金融恐慌とは全然違うでしょう。

「膨らみすぎた重荷に耐えかねる」という意味では、金融恐慌に似ていますが、財政はそれ自体の内発的な力学で膨張するわけではありません。民間で危機的な状況が発生した時、そのプロセスが自己完結する前に、途中で止めるために財政が出動し、その財政を支えるために中央銀行が後ろからついていきます。その歯止め効果が働かずにどんどん状態が悪くなり、支えることが出来なくなって政策が破綻することが、経済活動を麻痺状態に追い込んでしまうのです。

財政不況という言い方はこれまでもされたことがあります。あまりにも緊縮財政が追求された結果、財政が経済活動を支える機能が低下して不況に陥るのです。財政需要が足りないために不況になるのが財政不況です。

財政恐慌は全く違います。財政需要が足りないのではなく、財政が機能麻痺状態に陥るから、経済も麻痺状態に陥るということです。

中央銀行恐慌は何をもたらすか。一つ考えられるのがハイパーインフレです。通貨価値の大暴落ですね。イメージが重なってくるのは、ドイツのワイマール共和国が崩れた時の姿です。あの時、中央銀行が機能していなかったことは事実です。歯止めのないインフレになって、荷車いっぱいにお札を持ち込んでリンゴ1個を買うというような状態でした。それは一つの「中央銀行恐慌」の発生形態でしょうし、もっと違う経過を辿る可能性もあります。通貨価値が暴落するだけならまだいいですが、通貨の発行も出来なくなるかもしれません。世の中からカネが消えてなくなってしまうのです。突然、物々交換の世界に入るとなると、金《キン》を持っている人が勝ちとか、食料を確保できる農家の人たちが勝ちということになるのかもしれません。経済活動の原始返りですね。

恐慌から身を守るには

今後、起こり得る恐慌から我々が自分の身を守るためにはどのような手立てがあるのでしょうか。

本来は国々の政策がシェルターの役割を果たすはずでした。「大きすぎてつぶせない」「つながりすぎていてつぶせない」という言い方は、一切、危機の根源に関わりのないはずの人たちに危害が及ぶことを許してはいけないという発想が根底にあるはずです。でも、「大きすぎてつぶせない」ということは、最終的に「大きすぎて支えられない」「大きすぎて救えない」につながってしまいますから、取り返しがつかなくなる前に、整然と破綻させるものは破綻させた方がむしろいいでしょう。整然と破綻させながらも、破綻が金融システム全体に壊滅的な打撃を与えないように保証する役割を政策が首尾よく果たせば、それがシェルター効果をもたらします。期待しすぎることは禁物ですが、政策責任者たちが、「我々の役割は一朝有事の際、無辜の人々にシェルターを施すことだ」としっかり認識していれば、それなりの効果が生まれる可能性はあります。しかし今の状況では彼らが救いを必要としているので、シェルター機能は危うくなっています。

預金保険機構などはシェルター機能を発揮することを前提に作られたものです。預金保険のメカニズムがいかにきちんと作動するかという点がシェルター機能の一つの試金石であるといえるでしょう。

あとは、自力で防空壕を掘っておくしかないですね。会社の中で、まさかの時のために対応するファンドを作っておくようなことは、従業員と株主の合意が得られればあり得ないことではありません。自治体も含めて、全ての組織が一朝有事の対応ファンドを持っている形にすれば、それなりのシェルター効果が生まれるでしょう。経営上のリスク管理という視点から、危機対応ファンドを用意するという発想が生まれても不思議ではありません。自然災害の場合と同じで、経済災害についても、やはり備えあれば憂いなしということです。

ただそうしたファンドも完全にシェルターとなることは無理です。このような世の中になってくると、結局のところお互いの助け合いこそが大事だとつくづく感じさせられます。互いに頼り合える人の絆を常日頃から持っておく。当座をなんとか助けてくれる人、とりあえず仕事を回してくれる人、困った時に駆け込むべき先をたくさん知っている人。自己資本比率はカネの世界の話ですが、カネがいかにあてにならないかということが解ってきています。モノ資本比率は備蓄の世界です。モノもカネも限界だとなれば、一番限界がなくて頼りになるのはヒト資本比率です。よき人々とのつながりが最大のシェルターであり、セーフティーネットなのではないでしょうか。

2「LIBOR不正」にみる金融規制のあり方

LIBOR（London Interbank Offered Rate）とはロンドン銀行間取引金利のことです。「ライボー」と読みます。英国銀行協会が有力銀行からの自己申告に基づいて日々算定しています。世界中でこの金利が金融取引の基準として用いられています。2012年6月、このLIBORを操作しようと、イギリスの有力銀行の一つであるバークレイズが虚偽の金利を申告していたことが発覚しました。

信用が基盤だからこそ自己申告

そもそも、なぜLIBORの算定は「自己申告」という、不正を招くような方法で行われているのでしょうか。

それは金融発祥の地であるロンドンにおいては、紳士に二言なしであって、紳士が発した一言は疑ってはいけないという鉄則の下に取引が行われていたことに由来します。

ロンドンのシティは全ての金融行為の発祥の地です。さらに遡ると、ルネッサンス時代の商人たちによるつなぎ金融が、ヴェニスをはじめイタリアの都市国家で行われていたことに行き着きます。イタリアのロンバルディア地方で、金細工師でありながら、同時に金細工品の商社的な役割を果たしていた人たちが、ロンドンへと引っ越してきてビジネスを始めました。その場所にロンバードストリートという名前がついて、そこを軸にシティが世界の金融の中心地になっていったという歴史があります。その時代に始まった金融取引の基本的な精神を踏襲しているのが、このＬＩＢＯＲ方式です。

その昔、どういう金利で人々がお互いに取引をしているのかは、自己申告でしか解りようがありませんでした。電子的に足跡を記録することは出来ませんから、「今日こういう条件で取引をしました」ということは、事後であろうと事前であろうと、基本は自己申告です。それを検証するシステムはありませんでした。

結局、シティにおける金融取引は、「人の言ったことを信用する」ということが根源的な基盤になっています。そこを勘ぐり始めると商売が成り立たないので、お互いが、お互いの言ったことを信じ、この信頼関係を崩さないように取引をします。金融に信用取引や信用創造という言葉を使うのは決して偶然ではなく、人々がお互いに信頼し合うことをベースにして金融取引というものは出発しているわけです。

まともな金融機関は嘘をつかない。このことに対する信頼を崩さないことこそ、ガバナンスの至高の要だ。この暗黙の前提の下にＬＩＢＯＲ方式が続けられてきたのです。かなり自己都合といいますか、手前味噌な発想だともいえますが、信用が崩れてしまったら全てが終わりですから、この考え方には合理性があるといえるでしょう。信頼に根ざす主体性は客観性に勝るというわけです。

金融マンたちの変節

ただし紳士は紳士が言ったことを疑わないというシティ的な鉄則は、あくまでもそのような姿勢の人間たちしかそこにいないからこそ成り立ちます。ところが、時の経過とともにだんだんシティ人間の質が変わってきてしまった。そのことが、ＬＩＢＯＲ不正の発生によってはっきりみえてきました。

今や投資銀行の世界はとても人間の出入りが激しくなっています。欲丸出しの人たちが中心部分を形成していく中で、金融市場をよく知り、金融の節度について一貫した思いを抱いている人たちはどんどん脇へ下へと追いやられています。

欲のぶつかり合いがダイナミズムをもたらすところはありますが、かつてのシティでは、食うか食われるかという中にも一定の仁義がありました。もともと商人とは要は海賊です。陸では商人で、海に出ればすぐに海賊になります。海賊の時はまさに欲のぶつかり合いです。でも海賊にも、弱者はあまり傷つけないだとか、変に深追いしないとか、相手を完全に叩きのめしたりはしないとか、暗黙裏の紳士協定のようなものがありました。お互いのサバイバルを支えるということもあって、一定のところで踏みとどまる。何とも言えない節度を誰もが持っていたのです。お互い海賊同士だから、どこで欲の皮のつっぱり合いをやめるかを言わずもがなで解っている。それが前提となって、シティの金融が展開していた時代がありました。

そういう節度をベースに、シティにおいては金融規制をなるべく軽い状態にしておこうとしてきました。全てを数値化してあからさまにするよりは、融通がきく余地を残しておいた方がいいという発想が底流として流れています。規制が軽くても、悪いことはしないのがシティのシティたるゆえんだというわけです。人に抑え込まれて、あれはやってはダメ、これもやってはダメと言われないと良識ある振る舞いが出来ないような魂は、我々は持ち合わせていない――という姿勢がＬＩＢＯＲのやり方に集約的に表れているといっていいかもしれません。そういう心意気のない者は、シティからは追放される。それが従来のシティ精神でした。

ところが、そのようなことを全く認識していない人たちが「これなら何でもできちゃう」とばかり、規制の軽さを平気で悪用する。そんな時代になってしまっている。そのことがＬＩＢＯＲ事件で判明したわけです。「何をやってもいいけれど、ＬＩＢＯＲだけは嘘をついてはいけない」という暗黙の合意があることが前提だった世界で不正が発覚したということに、まさに金融における節度や公正さというものが危機に瀕していることが非常によく表れています。

ＬＩＢＯＲの不正操作に関わっていたのは、バークレイズ1行だけではありませんでした。金融マンたちが黄金の節度を持っていないと成り立たないＬＩＢＯＲのシステムを自ら崩してしまったということは大きな問題です。

自己責任か、規制か

ＬＩＢＯＲ不正には金融制度のあり方という根源的な問題の本質が集約的に表れています。つまり、規制をしないことが、より責任ある人間の行動を誘発するのか。あるいは規制を厳しくすることによって秩序ある体制を維持出来るのか。どちらが効果的なのか。金融というもののあり方をめぐって、国々が迷いに迷ってきたところです。

いってみれば、放し飼いがいいのか、檻に入れる方がいいのか。両極にある二つの考え方の間で、金融をめぐる規制のあり方は揺れてきました。自己責任に委ねることが人々の責任感を強めるのか、自己責任と放任してしまうと、人々は勝手ばかりするようになるのか。「自己責任方式だから、きちんとやるだろう」というのが今のＬＩＢＯＲ方式の根底にある考え方です。ですが、「自己責任に任せるのでは非現実的だ」と世の中はだんだん規制に傾いてきています。今回の不正で「やっぱりダメじゃないか」ということで、ＬＩＢＯＲもルールベースに変わっていくかもしれません。

しかしながら、そのことで不正を防げるかどうかは別問題です。規制でがんじがらめにすればするほど、表面的なコンプライアンスを守ってさえいれば、実態的には何でも出来るという世界になってしまいかねません。どこにバランスをみつけていくかが最大の問題です。

金融は信用をベースにして成り立っていた方が本当はいいと思いますが、このような不正が起きてしまった以上、とりあえず不心得者たちには規制のしばりをかけるしかないでしょう。

金利が低すぎて稼げない

「ＬＩＢＯＲだけは絶対に嘘をついてはいけない」という究極の暗黙のルールをあえて破ることをなぜ彼らはしたのでしょうか。

メリット・デメリットでいくと、ＬＩＢＯＲを高く申告すれば儲かる、低く申告すれば健全な銀行だとみせられるというシンプルな話です。実際の調達金利は低いのに高めに申告すれば、カネを貸す時のマージンはＬＩＢＯＲを基準に設定されますから、かさ上げした分だけ利益になります。リーマン・ショックの時のように、誰もが疑心暗鬼で人にカネを貸せないという時には、低い金利で資金を調達出来ていることが、大丈夫だという評価につながります。どちらの方向に操作したいかは、その時の金融環境によって変わってきます。

ＬＩＢＯＲを申告している金融機関は、そのＬＩＢＯＲによって収益が左右されるステイクホルダーでありインサイダーです。確かにＬＩＢＯＲ操作への誘惑は強いのですが、そのシステムを守りきれるところに金融の世界の誇り高き自己規制の根底があったはずでした。

最初に不正が発覚しているのは２００５年です。その頃、どうも集団的なＬＩＢＯＲ操作が行われたのではないかといわれ始めました。彼らが越えてはならない最後の一線を越え始めたのが２００５年頃だということは実に示唆的です。あの頃が、リーマン・ショックに向かうサブプライムローンの証券化などが本格化し始めた時代だったのです。

サブプライムローンに関する問題が最初に表面化したのは、06年秋にフランスの金融機関、ソシエテ・ジェネラルやＢＮＰパリバがサブプライムローンで打撃を受けたことが発覚した時でした。そこに至る過程で、銀行は儲けることが非常に難しい状況に陥っていました。世界中でカネ余り状態となり、長期金利はどんどん下がっていました。

長期金利が下がることは経済環境としてはいいことです。ただ、金融で利ざやをとる商売をしている者にとって、金利の長期低位安定はこたえます。その中で何とか利ざやを搾り出そうとする彼らの発想が、だんだん触ってはいけないＬＩＢＯＲを過大に申告することにつながっていったのではないでしょうか。

当時は、どうしてこんなに金利が長期安定しているのかということがミステリーでした。かのグリーンスパンが、「今や世界は黄金の経済安定を迎えた」と言い、「ゴルディロックス・エコノミー」という言い方が流行りました。

ゴルディロックスのゴルディは金、ロックスは巻き髪です。黄金の巻き髪という意味で、物語に出てくる女の子の名前です。

ある日女の子が遊びに出て、歩いているうちに、お父さん熊とお母さん熊と赤ちゃん熊が暮らしている家に迷い込みます。そこにはテーブルがあって三つの椅子があり、椅子の前に三つのスープボウルが置いてありました。ベッドルームには三つのベッドがありました。ゴルディロックスはお父さん熊、お母さん熊のスープを飲んでみるけれど、熱すぎて飲めない。赤ちゃん熊のスープは熱からず冷たからずちょうどいい。椅子も赤ちゃん熊の椅子は居心地がいい。スープを飲んでお腹がいっぱいになったので寝るという時にも、親熊たちのベッドは背が高すぎて落ち着かないけれど、赤ちゃん熊のベッドはちょうどいい高さで布団も気持ちがいい。

そこから先のエンディングは様々ですが、いい気持ちで眠っているゴルディロックスを熊たちが見つけて八つ裂きにしてしまうというのがオリジナルの話です。あまりに残酷すぎるので、みんなで仲良く暮らしましたというエンディングに途中から変わっていきました。

つまり、ゴルディロックス・エコノミーとは、全てがパーフェクトな経済という意味です。21世紀に入って、我々は全てがぴったりサイズの、ちょうどいい経済実態を謳歌しているのだといい始めたわけです。それなりの成長率で、物価も安定しており、金利は低く、特に長期金利はいまだかつてない低さである。非常に理想的なグローバル経済の状態だといわれていましたが、理想的だといわれている経済環境の中で、実は金融機関は収益を上げることに非常に苦労していました。その先に、金融恐慌でみんな八つ裂きになるというエンディングが待っていたわけです。

カネ余りは日本発

なぜ、そんなにも金利が低くなったのでしょうか。

それは世界中が著しくカネ余りになったからです。カネが世の中にあふれかえる中で、長期金利は上がりようがなかった。当たり前の投資行動をしていては収益が上がらない。そこで、サブプライムローンなどというようないかがわしいローンを組み、そのローンを証券化して売り飛ばすというビジネスにも手を出し、そして最後の手段として、苦し紛れにＬＩＢＯＲを操作してコストが高いように見せかけてマージンを広げるというところまで行ってしまいました。

ゴルディロックス・エコノミーの背景となっていた超カネ余り状態が、ＬＩＢＯＲの不正操作という禁断の世界に踏み出す方向に金融機関を誘ってしまったという面が多分にあったのではないでしょうか。さらにいえば、なぜ、あの時にあれほどグローバルなカネ余り状態になったのかというと、その製造元は日本でした。当時、既に世界最大の債権国になっていた日本において、量的緩和、ゼロ金利政策が延々と続いて、日本自体が未曾有のカネ余り状態になった。こうして日本においてあふれたカネがどんどん世界へ出ていったことが、世界中にカネ余り状態を拡散させたのです。そしてその中で収益機会を失った金融機関たちがついに、究極の罪であるＬＩＢＯＲ操作に手を出した。

中央銀行のお国柄

ＬＩＢＯＲの不正に中央銀行まで関与していたことも発覚しました。２００８年にリーマン・ショックで金融市場が混乱する中、イングランド銀行がバークレイズに対して「ちょっと金利を低めに申告してくれた方が大問題に至らないで済むから、配慮して」と耳打ちしたというのです。イングランド銀行はこれが中央銀行としての責務を最大限果たすことだと思った可能性はあります。ルールを杓子定規に守るだけが通貨価値と金融秩序の究極の番人である中央銀行の仕事ではないという発想です。「本当に信用秩序を守るために働くには、あえてルール破りをしなければならない時もある。そのぐらいの心意気が必要だ」という認識の体系は、イングランド銀行の中にあるでしょう。金利が低めに申告されることで、金融破綻が連鎖的に広がっていくことを阻むことが出来るのなら、その手段をとるし、その余地があることが良いのだという考え方です。

海賊魂の金融機関たちは、ルールがなくても越えてはいけない一線は絶対に越えないという心意気があった。だから規制はいらないと胸を張る。イングランド銀行も、我々はルールに従って動くだけの幼稚なレベルの中央銀行ではないのだという自負がある。だから、場合によっては耳打ちくらいはするというわけです。過少申告を要請したことが全面的に悪いかというと、そうともいい切れません。ただ、言った相手が悪かったかもしれません。金融機関の中身はどんどん変わってしまっています。事情を解っていない相手にささやいてしまったがゆえに、何でもやっていいと思い込まれてしまった。

中央銀行の性質は、生い立ちによって大きく異なります。イングランド銀行は成り行きで生まれた中央銀行ですから、成り行きの中でうまく立ち振る舞っていくことによって金融秩序を求めていく姿勢です。アメリカのＦＲＢ（連邦準備制度理事会）は自然発生的に生まれたものではありません。連邦準備制度は、連邦国家としてのアメリカの金融秩序を守るために非常に計画的に設計されたシステムですから、ルールに従って動きます。

ドイツのブンデスバンクは、戦後においては何はともあれ、インフレを排除すること、つまり通貨価値の安定という金科玉条に従って動きます。金融監督行政はほかの組織に任せていることもあって、ガチガチのルールベースではないのですが、通貨価値の安定というルールはとても重い。それだけに、通貨価値に関わらないことは一切みないというスタンスです。目的意識がとても収斂しています。

フランス中銀は格好さえ決まればいいという雰囲気がありますね。スタンスはブンデスバンクとイングランド銀行をざっと足して2で割ったというところでしょうか。中途半端なところがあります。フランス中銀は、お国柄もあって、経済の力学もさりながら、政治を意識する面が強いといえるでしょう。中央銀行のポジションを守るためにはどう動いたらいいのか。政治家との関係でどのようなスタンスを取ることが正解かということを常に考えている中央銀行です。

なんとも中途半端なのが日本銀行ですね。誰が総裁かによってずいぶん違ってきますが、思いとしてはFRB方式のルールベースで行きたいと思っている人が日銀には多いでしょうが、仕組みはイングランド銀行に似ています。そのため、どうも自己イメージが収斂せず、したがって中途半端なところがあります。もっとも安倍政権発足後の日本銀行は、あまりにも中央銀行らしくなくなっているという意味で、むしろ個性が実にはっきりしているといえるでしょう。

最悪を阻止するはずの仕組みが最悪を招く

ＬＩＢＯＲ不正のように、仕組み自体の欠陥が大きな問題をもたらすという事態は、過去においても様々な形で起きています。日本のかつての規制金利は、公定歩合があって、それにプラス何％と機械的に金利体系が決まっていたために、誰も身動きがとれなくなってしまいました。国債の利回りが上がってはまずいのだけど、金融体系の一番下の公定歩合はインフレ対策で上げざるを得ない。でも公定歩合を上げると、玉突き的に国債利回りが上がって国債価格が下がってしまいます。規制金利体系は、ある程度までは国債相場の安定に寄与していました。市場の需給によって国債の利回りが振り回されないのは規制金利体系のおかげでした。しかしながら、ある程度のところまで行くと、どうしても辻褄が合わなくなり、結局、規制金利体系を維持することは出来なくなって国債利回りの自由化、国債取引の自由化へ向かいました。

そもそも規制体系は、金利自由化に向かわないための最大の防波堤であると思われていましたが、その防波堤が維持不能になったところで、どっと洪水のように金利自由化に向かってしまいました。仕組みの狙いは、その方向に行かないためだったのに、仕組みの存在自体が、結局は行きたくない方向に情勢を追いやってしまったのです。

仕組みが問題を起こすという事例で最も象徴的なのがユーロです。ドイツの強大化、ドイツの独り歩きという事態を回避しようとしてユーロを作ったのに、ユーロという通貨がこの二つのことを実現に向けてしまう。まさに仕組み欠陥です。

かつてのアメリカでは、中小金融機関の経営安定を担保するために、預金金利規制を敷いていました。ところが、ニクソン・ショック後のインフレと金利高の中で、低い金利しか提供出来ない中小金融機関に預金が集まらず、彼らが資金枯渇に陥るという問題が生じました。そこで結局、金利自由化に踏み切らざるを得なくなったわけです。

このように、何かあるいは誰かを守ることに眼目がある仕組みは、状況によって効果が逆転してしまう場合があります。守るはずの対象を、守るどころか窮地に追い込む。回避するはずだった事態をむしろ引き寄せてしまう。保護が過保護になると、結局は保護すべき者たちの滅びをもたらすということですね。通貨と金融に関しては、特にこの問題に気をつけておく必要があるでしょう。皆さんの周りにも、この問題に直面しつつある通貨と金融の世界がないでしょうか。ちょっと見まわしてみて下さい。

第五章

通貨と金融が出会う時

1 ご案内かたがた締めの一言

さて、本講座もいよいよ最終回に到達してしまいました。ここまでの進行の中で、多少とも、通貨と金融の世界の醍醐味を味わって頂けたでしょうか。そうであることを懸命に祈りつつ、本章では通貨政策と金融政策の相互関係に着目したいと思います。第一章の冒頭でも申し上げた通り、通貨と金融は二人三脚のパートナー同士です。お互いに相手を無視して走り出すわけにはいきません。そのはずです。ところが、現実にはなかなか呼吸が合わないことしばしばです。あるいは、二人三脚状態は保ちつつも、進むべきではない方向に呼吸を合わせて針路を定めてしまう場合もあります。いずれにせよ、通貨と金融が良きパートナーシップを形成出来なければ、経済活動は決してうまく回りません。そこをうまくコントロールするのが、通貨政策であり、金融政策です。そもそも、通貨政策とは何なのか。金融政策はどうなのか。両者の関係は？　これらのことについて、ここでご一緒に考えておきたいと思うのです。

ところで、実際の「ナマ授業」の場合、筆者は最終回を受講生の皆さんによるスピーチ大会の回にしています。テーマは筆者が設定します。スピーチといっても、最近は、単に皆さんが予めご用意下さったスピーチを各自が披露されるというようなスタイルに限定せず、様々な形式を工夫してみています。人数によっては、漫才やコントをお願いする場合もあります。「紙上授業」では、このスピーチ大会の体験を共有出来ないので誠に残念です。皆さんもそう思われますでしょう？　ですから、是非、本当の教室でお目にかかることが出来ますよう、その日をひたすらお待ちしています。

2　通貨と金融のつかず離れず

通貨政策と金融政策はどう違う？　どう同じ？

では、まずは政策の視点から行きましょう。皆さんは金融政策という言葉をよくご存じですよね。中央銀行がその担当責任者です。そこで皆さん、金融政策を英語でいえばどうなりますか？　金融だからファイナンス。ファイナンスに関する政策だからファイナンシャル・ポリシー（financial policy）。そうおっしゃりたくなりますか？　そうですよね。それが論理的な感覚です。ところが、実はこの論理的解答は正解ではないのです。金融政策の英語バージョンは、実はマネタリー・ポリシー（monetary policy）なのです。マネーはカネ、すなわち通貨です。つまり、我々が日本語で金融政策と呼んでいるものは、英語的には通貨政策だということになります。

ちなみに、ファイナンシャル・ポリシーという言い方はあまり使いませんが、どちらかといえば「財務」政策というニュアンスを醸し出す言葉だといっていいでしょう。「ファイナンシャル・プランニング」といえば財務管理とか資産運用計画を指しますよね。その感覚でいえば、ファイナンシャル・ポリシーとは、すなわち政府の財務計画のことだといっても間違いではないでしょう。してみると、中央銀行が担当する金融政策をファイナンシャル・ポリシーといってしまうのは、やっぱり、おかしいですよね。なぜなら、中央銀行は政府のためのファイナンシャル・プランナーではありません。むしろ、そのような役割を担う立場に追い込まれないようにするためにこそ、中央銀行はその独立性を担保されており、そのことに意味があるわけです。もっとも、せっかく独立性が確保されているというのに、中央銀行があえて政府のための財務管理責任者に徹してしまうような場合も、決してないわけではありません。実をいえば、今日の地球経済上においては、結構、中央銀行たちのそのような姿が目につく状況です。

それはそれとして、要は英語チェックをかけてみると、金融政策は実は通貨政策なのだ、というわけです。つまり、日本の中央銀行である日本銀行についていえば、彼らは日本の通貨である円に関して、政策責任を担っているということになります。円という通貨の価値を、然るべき水準で安定させておく。そのために常に気を配り、目を配り、必要な対応を取る。それが日銀の仕事です。

通貨の価値が不安定化するというのは、とても恐ろしいことです。1970年代を通じて、世界は通貨価値がどんどん下がっていく環境を体験しました。そして、1990年代以降においては、逆に通貨価値がどんどん上がる状態の中に置かれてきました。前者がインフレ経済、後者がデフレ経済です。インフレ下では、物価と賃金の追いかけっこ的上昇が経済活動を疲弊させる。デフレ下では、物価と賃金の追いかけっこ的下落が、やはり経済の体力を蝕んでいく。そのいずれも、経済活動に破壊的な影響を及ぼします。

そのような事態に立ち至ることなく、経済活動がバランスよく回り続ける。この状態を実現し、持続させるために、通貨価値の適正水準での安定を保証する。それが中央銀行の本源的な役割です。その意味で、まさしく中央銀行は通貨価値の番人です。通貨価値の番人として、しっかり働く。それが中央銀行の存在意義です。したがって、中央銀行が展開する政策は、やはり通貨政策と呼ぶのが筋だ。筆者はそう考えます。

ところが、日本ではなぜ通貨政策といわずに金融政策というのか。筆者にはその理由が解るような気がします。多分、こういうわけだろうという推理があります。それについて語ることは、とりもなおさず、次節のテーマに踏み込んでいくことになります。ということで、先に進みましょう。その上で、最終的にまた改めて、通貨政策と金融政策の関係に立ち戻りたいと思います。ただし、予めお断りしておきますが、その時点で筆者が語ろうと思っていることは、あくまでも、筆者の推測です。ひょっとすると邪推かもしれません。でも、性格の悪いエコノミストの邪推は、存外によく当たるものです。要は、人が隠しておきたいことをあばき出す力のなせる業ですね。この辺りの感受性を磨くことも、経済名探偵を目指す修業の重要なポイントの一つなのです。

通貨価値の内と外：内なる価値はどう決まる？

本講座では、ここまで折に触れて通貨と金融の「内・外問題」に言及してきました。まずは、金本位制の内と外がありましたね。内にあっては、キンの切れ目がカネの切れ目。外との関係ではカネが動けばキンが動く。そういうことでしたよね。パックス・アメリカーナの通貨体制にも、内向きの顔と外向きの顔がありました。内に向かっては管理通貨制。外に向かっては金本位制。この内外不一致にアメリカ経済が耐えられなくなった時、ニクソン・ショックが発生したのでした。

ここでは、通貨と金融に関わるもう一つの「内・外問題」に目を向けてみて頂きたいと思います。それはすなわち、通貨の価値に関する「内・外問題」です。ある国の通貨の内なる価値とは何か。その同じ通貨の対外的価値とは何か。その両者の間にいかなる関係があるのか。これらのことについて、ご一緒に考えて参りましょう。それをすることが、実は、上述の金融政策という言葉と通貨政策という言葉の微妙な関係の謎解きをすることにもつながっていくのです。

まずは、内側から行きましょう。ある国の通貨の対内的な価値。それを測る尺度は何でしょう。例えば、自分の手元にある1000円札。この1000円札にどれだけの価値があるかを考える時、我々は何を基準にしているでしょうか。答えは、すぐにお解りの通りです。要は、物価ですよね。この1000円札で何がどれだけ買えるか。それを決めるのが物価です。少々面倒くさい言い方をすれば、物価は、ある国の通貨の対内的購買力の尺度です。購買力は、「使い出《で》」と言い換えていいでしょう。今の日本で、1000円札にどれだけの使い出があるか。今日的な使い出の具合は、昔と比べてどうか。これらのこととの決め手となるのが、物価水準にほかなりません。

昨日は1000円出せば買えた物が、今日は2000円出さなければ買えない。そのようになったとすれば、昨日から今日の間に、物価は倍に跳ね上がったわけです。これを言い換えれば、円という通貨の使い出、すなわち購買力が一夜にして半減したということです。一晩で、値打ち半減。そのような通貨的状況には見舞われたくないものです。ですが、通貨の世界は、実をいえば、常にこのような危険性と背中合わせの状態に置かれています。物価は通貨価値の尺度ですが、逆にいえば、通貨価値が物価の尺度でもあります。人々が円という通貨に対する信頼を失えば、物価は上がります。こんな怪しげな通貨なら、たくさんもらっておかないと心配だ。そう人々が考えるようになれば、物の値段はどんどん上がっていきます。あげくのはては、いくら円を積んでも、物を売ってもらえないという場面が到来するかもしれません。そうなれば、円はもはや通貨ではなくなるわけです。

このようなわけで、通貨価値と物価の関係はまさに表裏一体です。通貨が物価を決めるのか、物価が通貨を決めるのか。鐘が鳴るのか撞木《しゅもく》が鳴るのか。とーんと誰にも解らない。こんな禅問答のようなことをいっていてはいけませんが、通貨価値と物価の関係は、鐘と撞木の関係以上に一体性が強いと考えておいていいでしょう。

いずれにせよ、物価によって示される通貨の価値すなわち購買力は、実に移ろいやすいものです。ちなみに、ある人の次のような発言があります。

「明治から大正のころは、何でもとにかく安かったね。今どきはすっかりモノの値段が上がっちゃってる。下駄の鼻緒が３００円とか５００円するんだからね。昔は５００円も出せば下駄屋が買えたよ」

この発言者は今は亡き落語の大御所、古今亭志ん生師匠です。ある落語の枕（導入部）で上記のことを語っています。ここで師匠がおっしゃっている「今どき」は１９５８年です。明治・大正期の５００円なら、下駄屋が買えた。それが戦後間もない昭和期となると、何とか下駄の鼻緒が買えるくらいまで、使い出が低下している。これは大変なことですね。さらに思いを巡らして、今と１９５８年を比べてみるとどうでしょうか。今の感覚からすれば、下駄の鼻緒が５００円はちと高いと感じられませんか。もっとも、ここで少々厄介なのが、下駄やその鼻緒というものが、今や伝統工芸品化しているという点です。今の世の中では、下駄の鼻緒にも文化財的価値が発生してしまっている。その意味では、５００円どころか、鼻緒によっては、途方もない高額商品と化しているかもしれない。こういうことを考え始めると切りがありませんが、面白い点でもあります。

当時の下駄の鼻緒と比較可能な今日的商品とは何でしょう。ビーチサンダルくらいの感じでしょうか。そうだとすれば、ひょっとして百均ショップで買えてしまうかもしれない。そう考えれば、今日の５００円の使い出は、明治・大正期に比べればとてつもなく落ちているが、戦後初期と比べればかなり上がっているといえそうです。というわけで、こんなことをあれこれ考えて頂くと、一国通貨の内なる価値と物価の関係について、それなりに感覚をつかんで頂けるかと思います。

通貨価値の内と外：内と外の関係は？

通貨の内なる価値は物価が決める。そうであれば、通貨の対外的価値を決めるのは何でしょうか。対外価値は、言い換えれば対外的購買力です。円という通貨の対外的購買力を決めるのは何ですか？　グローバル時代を生きておられる皆さんには、もとより、すぐお解りですよね。そうです。その通り。通貨の対外的購買力を決めるのは、その為替レートです。ニクソン・ショック以前の1ドルには360円に相当する購買力がありました。今日の1ドルの価値は日々変動しますが、最近は1ドル＝120円前後をウロウロしています。一時は1ドル＝70円を割りそうな場面もありました。

ぐっと歴史的に遡れば、1ドル＝2円というクロス平価が成り立っていた時代もありました。500円で下駄屋が買えた時代が、概ねこの時代と重なると考えていいでしょう。この時代の円の対外価値はなかなかのものでしたね。この対外的価値を守り抜くために、明治政府はずいぶんと背伸びをしていました。1ドル＝2円のクロス平価は相当に過大評価でしたが、何とかこの関係を維持するためにも、大いに富国強兵に励んだものでした。

さて、ここまで来ると、ジョーン・ロビンソン方式にすっかり長けてきておいでの皆さんは、さぞ、次の質問を発したくてうずうずされていることでしょう。さしあたり二つほど、重要な疑問が発生していることだと思います。その二つの疑問とは、

その一：通貨の対外的価値を表す為替レートを決めるのは何か
その二：通貨の対内的価値と対外的価値の間には、どのような関係があるのか

ではありませんか？　そうだと信じて、話を進めていきたいと思います。

この二つのポイントは、通貨価値の「内・外問題」を解明する上で実に重要です。シンプルに考えれば、その一に対する答えは「為替レートを決めるのは、通貨の対内的価値だ」といいたいところです。かつて、日本国内において500円で下駄屋が買えた。その時、円とドルの関係は1ドル＝2円だった。この為替関係の下で、500円は250ドルに相当する。当時のアメリカで、250ドルで下駄屋……はないから、靴屋が買えたか？　難しいところですが、買えたと仮定すれば、この場合の1ドル＝2円は円と

いう通貨とドルという通貨それぞれの対内的購買力を正確に反映した関係だったということが出来ます。

５００円をドル換算した金額で、日本で買える物と同じ物の同じ分量を買えるなら、この時の為替レートを「購買力平価」といいます。両通貨の購買力を、正確に反映している。そのような交換比率が二つの通貨の間で成り立っている時、その交換比率すなわち為替レートを購買力平価というわけです。もしも、５００円をドル換算した２５０ドルでは、とうてい靴屋は買えないのであれば、１ドル＝２円の交換比率は円の過大評価だということになります。逆に、２５０ドルなら靴屋を2軒買ってお釣りが来る。そんな状況なら、1ドル＝２円は円の過小評価だということですね。

この「購買力平価」的考え方が、通貨の対外的な価値を見定める場合の基本です。ですが、何事も基本通りにシンプルに行くとは限りません。特に、今のようにカネが儲けを追い求めて地球上を自在に駆け巡るようになると、ことのほか然りです。しかも、自在に駆け巡るための乗り物として、あの手この手の金融商品が用意されている状況ですから、為替レートの決まり方も一筋縄ではいきません。諸通貨の本質的な購買力とは無関係な要因で、為替関係が大きく動く場合もあります。あそこでちょっと金利が上がりそうだ。あの国の政策は通貨安志向みたいだ。今なら、ここからあっちにカネをちょっと動かすことでボロ儲け出来る。そんなことで巨額の資金が動き、大きく為替関係も変動する時代です。通貨価値の背後には、購買力という基本がある。それを全く忘れさせるようなセンセーショナルなドラマが、日々、為替市場で繰り広げられている。こんな今日ですから、なかなか厄介です。厄介ですが、むしろ、時々の為替市場について、どれだけ購買力関係の力学と遠ざかっているか、とか、どれくらい購買力関係の基本に最接近してきているか、というような観点からみれば、大筋がみえてくるという面はあるでしょう。さらには、折々の為替市場において何が購買力関係からの隔たりをもたらしているのか、それを考える中で視界が開ける場合もあります。というわけで、一見、購買力の世界からすっかり離れてしまっているようであっても、通貨関係はやはり購買力関係の手の平の中で動いている。そう思って頂いていいでしょう。

これが基本ですが、むろん、実際の日常の中では、通貨価値の内と外との間に様々な関係や力学が発生します。そこをもう少し考えてみましょう。そのために、とてもいい手掛かりを与えてくれるのが、ここでも、ある人のある発言です。思えば、ロビンソン先生にしろ、志ん生師匠にせよ、実に様々な人々が経済的謎解きに資する多くのことをいってくれています。そのことに気づくにつけ、やっぱり経済活動は人間の営みなのだなぁと、改めてつくづく思います。人間の営みであり、そこに人間のドラマがあるからこそ、様々な人間たちが経済に関わって様々な面白いことをいう。そういうことだと思います。

ポケットの中にも外がある

それはそれとして、通貨価値の内と外について、ここで我々に示唆的な言葉を与えてくれるのは、イギリスのハロルド・ウィルソン元首相です。現役首相だった時、彼が次のようにいった場面がありました。

「これで、何も皆さんのポケットやハンドバッグや銀行口座の中のポンドの値打ちが下がるわけではありません」

時は１９６７年、11月19日のことでした。

この時、英国ポンドは大いなる危機に直面していました。１９６７年といえば、まだドルを軸とする固定為替相場制度が続いていた時代です。1ドル＝３６０円時代でした。

その下で、イギリスが守るべきポンドの固定相場は1ポンド＝2・80ドルでした。ところが、イギリスがこのポンド水準を守ろうとすると、どうしても、思うように経済を拡大させることが出来なくなっていました。輸入が増えて、貿易赤字が拡大してしまうのです。すると、赤字決済のためにイギリスはドルを調達しなければならなくなります。そのためのポンド売り・ドル買いがポンド相場にどんどん下押し圧力をかけるようになりました。そうなると、人々は、イギリスはきっと、1ポンド＝2・80ドルの固定レートを守りきれなくなるだろうと思い始めたのです。その思惑に基づく投機的なポンド売りも始まって、ポンド安プレッシャーがますます高まることになりました。

この圧力を押し戻すためには、ドル売り介入でポンド相場を守るか、さもなくば、自国経済の拡大にブレーキをかけることで、輸入を抑制しなければならない。介入の効果には限界があります。むろん、政治家たちは自国経済の引き締めはやりたくありません。そういうことであれば、イギリスに残されたオプションはただ一つでした。つまり、ポンドの固定相場を切り下げることです。ポンドが安くなれば、価格競争力がつくから輸出が増えて輸入が減ります。そうすれば、対外赤字の拡大も収束に向かいますから、ポンドを売ってドルを買う必要性も低下します。投機家たちも、ポンド切り下げがひとまず的中すれば利益確定に入る。したがって、投機的なポンド売り圧力もさしあたり鎮静化するわけです。

そのような形での事態収拾を目指して、ウィルソン政権はついにポンドの14％切り下げに踏み切ったのです。冒頭のウィルソン発言は、この切り下げ政策を発表するためのスピーチの中に出てきたものです。

14％の切り下げによって、ポンドの対ドル新固定レートは、1ポンド＝2・80ドルから、1ポンド＝2・40ドルに低下しました。しかしながら、「だからといって、それで皆さんのお手元のポンドの価値が下がるようなことはないですよ。1ポンドは、あくまでも、1ポンドのままですからね」ウィルソン首相はそこを強調したかったわけです。

この言い方は、一見したところではもっともらしいですよね。1ポンドは、確かにたとえ対外的には2・80ドルから2・40ドルに価値が下がろうとも、国内的にはやっぱり1ポンドのままです。ですが、よく考えればこれはまやかしです。通貨価値の内と外の関係は、それほど単純なものではありません。

ポンドの対外的な価値が切り下がれば、まず第一に輸入物価が上昇します。1ポンドの価値が2・80ドルから2・40ドルに下がれば、今までは1ポンドで買えた輸入品が、1・2ポンド出さなければ買えなくなります。1ポンドは確かに1ポンドのままですが、その購買力はやっぱり低下することになるわけです。それに加えて、ポンド安に伴って輸出が増えれば、その分、国内向けのモノの供給は減少することになります。供給力によほど余力があれば別ですが、そもそも、輸入増で対外収支の赤字が膨らんでいるような場合には、国内産業の供給力にさほどゆとりはないはずです。したがって、需給関係からいっても、モノの値段には上昇圧力がかかると考えるのが自然です。かくして、輸入物価の上昇と国内需給のタイト化の両方向から、国内物価には上昇圧力がかかります。それに伴って、ポケットの中の1ポンドの購買力も、確実に低下することとなるわけです。

こうして、対外的な通貨価値の変化は、対内的にもその通貨の購買力に影響を及ぼします。ウィルソン首相の「ポケットの中の1ポンド」発言は、そこを意図的に無視したのか。はたまた、経済音痴の無知発言だったたか。そこはよく解りません。ですが、ウィルソン氏はオックスフォード大学で経済学を専攻した人です。よもや、通貨の価値に関するイロハ的な力学を知らなかったはずはないでしょう。となれば、「ポケットの中の

1ポンド」発言はかなり胡散臭いですよね。だが、決してあからさまな嘘だともいえない。この辺りは、したたかな狡猾政治家としてのウィルソン氏の面の皮の厚さが冴えたところでしょう。

それはともかく、ポケットの中の1ポンドの価値にも、ポケットの外で起こることが影響を及ぼすのです。したがって、通貨価値というものを考える場合には、その内側と外側について同時に目配りする。それが当然の姿勢です。

3　金融政策は通貨政策

誰が何を守るのか

さて、ここまで来て、ついに、金融政策と通貨政策の関係という冒頭の問題意識に立ち戻ることが出来ます。既述の通り、中央銀行は通貨価値の番人です。通貨価値の番人なら、彼らが取り仕切る政策を通貨政策と呼ぶのが筋だろう。そのように申し上げましたよね。それなのに、なぜ、日本ではそれを金融政策と呼ぶのか。今、ようやくこの謎を解くことが出来ます。なぜなら、この章を通じて、我々は通貨価値というものに内と外があるということを確認しました。ここを踏まえておかないと、日本の通貨政策をなぜ金融政策というのかという謎は解けません。少なくとも、筆者はそう思います。

前置きが長いですね。端的に申し上げましょう。通貨価値には内と外の両面がある。そのような二つの顔を持つ通貨の価値について、中央銀行が番人として全面的に責任を持つ。そういってしまうと、どういうことになりますか？　通貨価値の内的尺度は物価であり、その外的尺度は為替レートである。そういうことでしたね。その状況の下で、中央銀行が通貨価値の番人だといってしまうと、中央銀行は物価動向のみならず為替レートの行方についても責任と権限を持つ。そういうことになりますよね。これが困るのです。

なぜなら、日本の場合、こと為替政策については、制度上、財務省が責任を持つことになっているのです。為替レートを操作するために市場介入をする時、介入の実務を担当するのは日本銀行です。しかしながら、介入に関する意思決定は政府と財務省が行うのです。その意味で、日本銀行は通貨価値の内側の部分にしか責任を持っていない。つまり、物価の観点からしか、円という通貨の購買力について政策責任を担っていないのです。もしも、日銀の仕事を通貨政策と呼び、日銀を通貨価値の番人と認定してしまえば、政府と財務省は、為替政策についても、日銀に政策権限を引き渡さなければいけません。それは困る、ということなら、日銀がやっていることを通貨政策と名づけるわけにはいかない。そこで、金融政策という言い方をすることにした。どうも、そういうことではないかと筆者は思うのです。

通貨政策が通貨政策でなくなる時

通貨価値の番人が、堂々と通貨価値の番人らしく振る舞える日は来るでしょうか。そうなるといいと、筆者は思います。もっとも、現状においては、どうも日本をはじめとして国々の中央銀行は、そもそも通貨価値の番人であることさえ放棄する方向に向かっているように思える面があります。誰もが、いわゆる量的緩和政策を追求するようになっている。通貨価値の番人たちが、自国通貨の価値を低下させる方向ばかりに力を入れている。デフレ脱却のためにはやむを得ない。そういってしまえば、それまでです。ですが、やむを得ないという言い方は、本筋ではないこと、正論的にいえばやるべきではないことをやる時に使うものです。出来れば避けたい。だが、やむを得ない。そういうこともあるでしょう。

ところが、今や国々の中央銀行たちは「やむを得ない」の御旗の下に、次第次第に通貨価値の番人のポジションから構造的に遠ざかりつつあるようにみえます。それが気がかりです。中央銀行とは通貨価値を守るための存在だ。そのことが、すっかり忘れ去られる日が来てしまうのではないか。そんな心配もしてしまいます。通貨政策が通貨政策ではなくなる時。その時が来ないことを祈るばかりです。

なぜ1ドル＝50円にならないのか

こんな我が祈りも空しく、通貨と金融の今はなかなか怪しげなものになっていると思います。残念ながら、特に日本において然りですね。通貨価値の番人が、あからさまに通貨価値の低下を演出するような状況になっています。いわゆる「異次元緩和」という言い方がすっかり定着してしまいました。中央銀行がはるか異次元まで出かけていく。

そんなに遠くに行ってまで、自国通貨の供給量を増やして、その価値を下げようとするのはなぜなのか。

講演先などで、筆者がよく頂戴する質問があります。次のようなものです。「浜さん。あなた、かつて1ドル＝50円時代が来るといっていましたよね。今、全然そうなっていませんよね。今の状況をどう考えているのですか？　考えは変わりましたか？」ごもっともな質問です。皆様はどう思われますか？　筆者は、果たして1ドル＝50円の看板をこっそりと降ろしてしまっているのでしょうか。

端的にいって、そんなことはありません。今でも、1ドル＝50円に向かうのが妥当か、1ドル＝150円に向かうのが自然体なのかと聞かれれば、躊躇なく、1ドル＝50円に向かうことが経済的に理に適う流れだとお答えします。債権大国日本の通貨と、債務大国アメリカの通貨の関係は、この辺りが妥当なところだと考える次第です。ただ、現状において、この合理的解答に向かう道はブロックされてしまっています。1ドル＝50円に向かう行く手を阻んでいるのが、現状における日本の通貨政策と金融政策です。通貨政策は、明示的に円安誘導を目指している。金融政策はひたすら通貨供給量を増やすことに専念している。

これでは、円高に向かうわけはありません。日本銀行がいわゆるアベノミクス（筆者流にはアホノミクスですが）のお先棒を担いで金融調節を行っている限り、円は本来の軌道を外れて大いなる道草を食い続けることを強いられるでしょう。

要するに、現状においては通貨政策によって、通貨価値が本来向かうべき方向に進むことを阻まれているのです。これは実におかしなことです。前章でも言及しました通り、政策というものは、経済活動が均衡に向かう軌道から外れた時、その狂いや歪みを是正するために出動するのが、その役割です。せっかく、まともな方向に動いている経済活動の方向感を狂わしたり、逆走されたりするというのは、政策にあるまじき対応です。ですが、現状では、政策が均衡点を探り当てようとする経済活動の足手まといばかりしている。それが、今日の残念な実態です。

もっとも、このような状況であるということは、逆にいえば、政策によるこのような邪魔立てがなくなれば、流れは再びまともな方向に動き出すであろうということも示唆しているわけです。もう少しの辛抱というところでしょうか。

ただ、ここで少々気掛かりなことが一つあります。それは、政策によって道草を食わされている間に、通貨価値が戻るべき本来の道を見失ってしまうことです。というよりは、道草を食っているうちに崖から転落してしまう恐れがある。そのようにいった方がいいでしょう。自国通貨の価値をどんどん下げることに情熱を燃やす中央銀行。事実上の財政破たんに陥っている政府のためにせっせと国債を買い込む中央銀行。そのような日本銀行の有り様が投資家たちの不信感に全面的に火をつけてしまえば、誰も円を買わなくなる。誰もが円を手放したがるようになる。そうなれば、円相場は暴落、崖から転落し、あの世行きです。道草転じて命取り。そうならないことを、これまた祈るばかりです。

このような観点からいえば、前章で考えた中央銀行恐慌に最も近いところに位置しているのが、実は日本の通貨と金融かもしれません。次の恐慌は、ひょっとして日銀恐慌として歴史に名を留めることになるのでしょうか……。

あとがき

ついに、ここまで来ました。お付き合い頂き、本当に有難うございます。おかげ様で、紙上授業にもリアル感が出た気がします。皆さんにも、そう感じて頂けているといいのですが、どんな具合でしょうか。ビジネススクールの授業には、授業評価がつきものです。本講座は、果たして、皆様からどのような評価を頂戴出来るのでしょうか。怖いですね。どうか、お手柔らかに！

通貨と金融というテーマで私が講義をさせて頂くようになってから、はや10年が経ちました。この間に、授業の中で取り上げるトピックは相当に変転してきました。これは当然です。何しろ、相手は生きた経済ですから。もっとも、生きた経済を相手にすればするほど、死んだ経済をどれだけ知っているかが勝負だということが解ってくる。その思いが非常に募ります。そもそも、死んだ経済という言い方が実は変です。もはや、過去の話だと思い込んでいた出来事の経緯を辿ると、その中から、実に生き生きと今を解らせてくれる力学が浮かび上がってくる。この講義を担当させて頂いているおかげで、何度となく、このことを体感してきました。本書を執筆する中でも同様です。すっかり歩きなれているはずの道を辿って行く中で、新しい発見がいくつもありました。

これからの次の10年の中で、皆さんと筆者は通貨と金融の世界について、一体どんな新しい発見をすることになるでしょうか。それを確かめるために、10年後に再会いたしましょうね。もちろん、無理に10年後までお待ち頂くことはございませんよ。来年度にでも、京都あるいは大阪の教室でナマの再会を果たすというのはいかがですか？　お待ちしております。いつでも、いつまでも。

最後になってしまいましたが、本書がこのあとがきを執筆するところまで到達したのは、毎日新聞社の山口敦雄さん、そして毎回の授業に積極的にご参加頂いた黒崎亜弓さんの絶大なるご助力のおかげです。深く深く御礼申し上げます。そして、夥しい数のお詫びを申し上げなければいけません。申し分のない段取りとサポートを頂戴していましたのに、刊行が今日に至ったのは、ひとえに筆者の時間管理能力の欠如のなせる業です。ビジネススクールの教員がこれではいけません。次の旅にご一緒頂く時には、こういうお詫びの必要がない筆者となっていたいものです。無理かな？

２０１５年2月

浜　矩子

浜　矩子（はま　のりこ）
1952年8月生まれ。1975年、一橋大学経済学部卒業。同年、三菱総合研究所入社。1990年から98年まで、同社初代英国駐在員事務所長としてロンドン勤務。帰国後、経済動向に関するコメンテイターとして内外メディアに執筆や出演。2002年、同志社大学大学院ビジネス研究科教授に就任。現在に至る。著書に『ザ・シティ 金融大冒険物語―海賊バンキングとジェントルマン資本主義』（毎日新聞社）などがある。

もうエコノミストに騙《だま》されないために
紫炎《しえん》のMBA講義録

印刷日　2015年2月25日
発行日　2015年3月10日

著者　浜《はま》　矩子《のりこ》

発行人　黒川昭良
発行所　毎日新聞社
〒100-8051　東京都千代田区一ツ橋1-1-1
出版営業部－☎03（3212）3257
図書編集部－☎03（3212）3239

印刷　中央精版
製本　大口製本

ISBN978-4-620-32164-6